[盛 和 塾]　游学系列（一）

盛和塾游学纪事

吴影　著

人民东方出版传媒

东方出版社

图书在版编目（CIP）数据

盛和塾游学纪事 / 吴影 著 . — 北京：东方出版社，2014.1

ISBN 978-7-5060-7132-1

Ⅰ.①盛… Ⅱ.①吴… Ⅲ.①稻盛和夫－思想评论 Ⅳ.① K833.135.38

中国版本图书馆 CIP 数据核字（2013）第 306444 号

盛和塾游学纪事

（ SHENGHESHU YOUXUE JISHI ）

- -

作　　者：吴　影

责任编辑：贺　方

出　　版：东方出版社

发　　行：人民东方出版传媒有限公司

地　　址：北京市东城区东四十条 113 号

邮　　编：100007

印　　刷：北京文昌阁彩色印刷有限责任公司

版　　次：2014 年 1 月第 1 版

印　　次：2019 年 1 月第 2 次印刷

印　　数：5 001 — 8 000 册

开　　本：880 毫米 ×1230 毫米　1/32

印　　张：7.375

字　　数：184 千字

书　　号：ISBN 978-7-5060-7132-1

定　　价：32.00 元

发行电话：（010）85924663　85924644　85924641

- -

稻盛先生与中国企业家一起分组合影

盛和塾第 21 届世界大会恳亲会中国代表团一角

目 录
CONTENTS

下篇 游学参观与学习体悟

见识一位稻盛哲学的分析高手

稻盛和夫(北京)管理顾问有限公司董事长　曹岫云

　　今年 7 月 17、18 日在日本横滨召开了"盛和塾第 21 届世界大会"，其随后的游学活动结束后仅仅两个月，吴影博士的《盛和塾游学纪事》这部洋洋十几万字的书稿就放到了我的案头。这让我既吃惊又佩服。

　　从 2011 年前参加"盛和塾第 10 届全国大会"（从第 19 届开始改称"世界大会"）开始，我已经参加过 9 届这样的大会。我还多次赴日参加"塾长例会"。组织企业家游学团，近年来更是很频繁的事。而且比起吴影博士，我不但身体健康，而且还懂日语。作为企业家中的思想家，稻盛先生的每次讲演都堪称经典，稻盛先生对塾生发表的每次点评都切中要害。还有，比起这次大会，历届塾生的发表也曾有过更为出色的内容。包括游学活动在内，往往精彩纷纭，高潮迭起，常常让人感动得消化不完。在这过程中，我也曾想过动笔记载，但总以杂事缠身为自己寻找偷懒的借口。而吴影博士仅仅参加一次大会、一次游学，就写出了一部很有见地的著作。见他如此用心，如此勤奋，我顿生愧疚。现在吴影博士邀我写序，我欣然应诺，也算对自己在这方面不曾尽责做一点小小的补偿吧。对我这种观察力不敏锐、笔头不快、不擅写作的人来说，文章要催逼才写得出来。而吴影博士来邀我，盛情难却。我不得不认真阅读，并整理自己的阅读心得。因为动笔写序本身就是一个重新学习、自我提升的过程，而且事实上读两遍这部书稿，已经让我受益匪浅。从这个意义上讲，我还要谢谢吴影博士。

吴影博士是知名企业"阳光100"的副总经理，作为一个学者型经营者，他不但对中国企业有深入了解，而且因为有多年留学欧美，并取得博士资格的经历，加上富于钻研精神，他对西方企业管理的研究亦造诣颇深。因此，在研究稻盛哲学和盛和塾时，就比我们多了一个视角。更可贵的是，吴影博士还具备一个分析家的头脑，他不但勤于而且很善于独立思考。

细读吴影博士对第一位发表者井上智博论文的剖析，从所谓"经营事"和"经营人"两个维度着手，条分缕析，抽丝剥茧，层层深入，脉络十分清晰，把经营者的心性和企业业绩同时提升的现象揭示得淋漓尽致。这样的解读丝毫不亚于发表者本人的论述。仅从这一例就能让我们见识到一位分析高手非同寻常的本领。当然对其他7位发表者的评论，在篇幅上虽然有长有短，但分析都一样精到。另外，在这一节中有两段话不同凡响，一段是："西方企业属于雇佣军，而稻盛思想的大家族企业则属于是子弟兵。稻盛先生的大家族企业是将东方传统家族企业进行现代化，或者说是将西方企业雇用主义进行东方化。"

另一段是："成功的商业模式就是使用平均甚至平庸的资源缔造出一流甚至超一流的辉煌业绩。任何需要通过使用顶级资源而成就出来的辉煌业绩，其实并不是成功的商业模式。那只是顶级资源发挥了作用而已，商业模式本身并没有创造任何价值增值。我们应该把这种商业模式称之为平庸的商业模式，它是通过资源创造价值，而不是通过模式创造价值。"

吴影博士非常欣赏井上智博的人格、才干和悟性，然而他的感慨是："稻盛先生的学生都可以达到这样的思想高度，弟子尚且如此，师父那还用说吗！"

这位师父稻盛先生出身是科学家，出名是企业家，但我认为，他本质上是一位哲学家，而且是一位彻底追求正确思考和正确行动的哲学家。他儒释道皆通，东西方兼容。他不仅赤手空拳创建了京瓷和KDDI两家世界500强企业，而且在78岁高龄时东山再起，以惊人的速度拯救了也曾是世界500强的日本航空公司。不仅如此，稻盛先生还把自己丰富的经营经验提升到了哲学的高度，成为正确经营企业的、普遍适用的原理原则。这在人类历史上是空前的，在当今世界上是唯一的。现在，盛和塾在全世界已有8800多名企业家塾生。在中国也开始出现了"稻盛热"，仅《活法》这一本书，三年多来就畅销了135万册，仅中央电视台采访稻盛先生就有7次之多。从刚刚结束的"稻盛经营哲学成都报告会"上中国企业家的发表来看，学习、实践稻盛哲学并取得飞速进步的企业和企业家层出不穷。这是十分可喜的现象。

然而，近年来，对稻盛和稻盛哲学感兴趣的专家学者，乃至各种管理培训机构，虽然也迅速增加，但是，在急功近利的世风中，愿意静下心来，排除杂念，对稻盛哲学进行深入研究的人却是意外的少。因为研究稻盛哲学本身，就必须是研究者自身提升心智的过程。就是说，研究稻盛哲学不仅需要专业能力，需要研究热情，同时还需要相应的人格素养和思想境界，甚至需要一种使命感。而兼备这些要素的人，在中国的经营管理的学者中，可以说是凤毛麟角。或许是我孤陋寡闻吧，我想，这样的人物，除白立新博士之外，吴影博士也是难得的人才。我衷心希望有更多优秀的专家学者加入这个功德无量的事业。

在本书中，吴影博士写道："无论塾生们问什么样的问题，稻盛先生都能够把具体的经营问题引回到经营哲学的原点与经营理念体系上来，无论怎么解答都不会发生逻辑与理念打架。稻盛先生这种向经营原理原则收敛的能力，集中体现了稻盛经营思想的逻辑严谨性，特别体现出了稻盛思想作为一个思想系统的高度完整性与一致性。相比之下许多知名中国企业家的思想却是经不起逻辑推敲的，别看表面上谈起各种观点来好像是头头是道，然而如果深入推敲的话，其实许多观点都是相互打架的。"这一段话很精辟。事实上，不仅中国，就是在全世界，企业家中的哲学家、能构筑经营哲学的人物，稻盛先生之外别无他人。

而吴影博士这本书中，对8位企业家塾生的发言所做的分析，也紧紧扣住了稻盛先生"提高心性，拓展经营"这条基本原则。用吴影博士的说法就是"从企业发展与领导力成长之间的逻辑关系来进行梳理"。这样的分析不仅正确，而且雄辩。吴影博士注意到，所有发表经营体验的盛和塾塾生所谈的主题，都是从改变自身的价值观开始，从而带动企业团队发生转变，即转变经营思路和工作态度，然后自然而然业绩就提升了，企业也随之健康发展。而中国不少企业家学习稻盛哲学，一上来就要"阿米巴"，就要找捷径，就要寻找立即提升业绩的灵丹妙药，结果适得其反。这就是人生和经营的辩证法。

吴影博士的思维非常活跃，谈及某一具体事件或观点时，常常借题发挥，浮想联翩，引申或论及到相关的管理学乃至心理学的原则。另外，语言生动也是本书的特色之一。什么"理工男"、"文科男"、"凤凰男奇遇记"、"月老的红线牵的真是紧"、"天上掉下个林妹妹"之类诙谐风趣的词汇忽儿跳入眼帘；时而冒出几句吴影个性的颇具经典性的话语，常常让我"会心一笑"。我想本书引人入胜，具备引导企业家更好学习和实践稻盛哲学的价值。

白象集团的姚忠良董事长，他不但参加过"领导力班"、"执行力班"以及包括儒释道在内的各色各样的所谓总裁高级培训班，还专程去美国哈佛大学、西点军校、英国剑桥大学、牛津大学等地研修经营管理，但在接触稻盛哲学、特别是去日本游学后，他说了三句话：

第一、稻盛哲学是白象乃至中国企业唯一正确的方向。

第二、在稻盛哲学中我不但找到了企业的方向，而且找到了人生的意义。

第三、今后，我这一辈子只做一件事，就是学习、实践和传播稻盛哲学。

像白象姚忠良、伊诚徐万刚、耐德林朝阳、广联达刁志中等许多企业家，在去日本游学之后，在接触稻盛哲学以后，迅即决定以稻盛先生为师，以稻盛哲学为指针，以"在追求全体员工物质和精神两方面的幸福的同时，为人类社会的进步发展做出贡献"为宗旨，率领自己的团队奋勇拼搏，力争做行业内全国第一、乃至进入行业内世界领先的行列。这样的企业家正在不断涌现。他们的目标如果达成，很可能深刻影响以所谓"绩效主义"为主流的当今中国商业文明的走向。而在这个过程中，我相信，吴影博士的这本书将会助上一臂之力。

推荐序二

故事背后的故事

IBM（中国）运营战略首席顾问　白立新

在过去的三年间，我参加了四五次日本盛和塾游学。每次归来都觉得收获颇丰。不过，看了吴影博士的游学纪事之后，我发现自己差不多算白跑了四五趟。一是当时未做如此系统的深入思考，二是游学中的点滴感受，由于没能及时记录下来，很快就随风而逝了。这似乎应验了英语中那句"You see what you see"（一个人只能看到他所能看到的东西）的话。

吴影博士看到了我们视而不见的东西，一方面是他的广博学识使然，另一方面是，坐在轮椅上的他，以一颗更安静的心，感知到了故事背后的故事。

比如说，在盛和塾塾生和田先生发表之后，吴影博士点评道：人生的成长往往是通过一系列磨难、考验而实现的，也就是通过反思、反省负面事件而得到一种正向价值的提升。这就是善于学习的人所遵循的逻辑，通过总结失败而走向成功。这是一种由内在动力所驱使的成长方式。然而在"管理"框架模式之下，负向的事物往往只能够产生负面的意义。对于负面事件的简单惩处，往往会冷了员工的热情、寒了大家的人心，那些原本还可能保留下来的主动性也随之被扑灭。

借着和田先生的个人经验，吴影博士还为我们剖析了二代企业家接班时的一种通病：急于想证明一下自己的能力，却反而事与愿违。按照吉姆·柯林斯五级领导力的原理，其实任何彰显自我能力的领导力都属于最初级的领导力——一级领导力，甚至还不能称作真正的领导力。因为真正的领导力一定是需要引领团队的，一定是拥有追随者的，是能够带领追随者去发挥出团队效应的，而不是彰显自我能力的去"唱独角戏"。

我喜欢吴影博士写的书，还有一个原因，就是读起来倍感轻松，如同与他面对面聊天一样，聊着聊着，不知不觉间太阳就落山了。这本书仍然延续着这一风格，不只是讲日本、讲游学，还讲知行合一，讲否极泰来，讲《了凡四训》，讲《易经》，甚至是讲丘处机的坐地飞升。

由于游学本身所提供的时空纵深，整本书读起来，就像重走了一遍游学之旅。难怪本书叫"游学纪事"，而不是"游记"，吴影博士是想为我们还原那份现场感，呈现一份立体感。

如果您没有去过盛和塾游学，或是走马观花地看过热闹，那就通过这本书，跟在吴影博士的轮椅后面，看看其中的门道吧。

推荐序三

从心起航

　　这是一位轮椅上的学者东渡日本参谒经营之圣的游学记，也是一个稻盛经营哲学实践者的感悟录。吴影博士是第 21 届盛和塾世界大会中国企业家游学团的随团指导老师，在回国不到两个月的时间里完成了这本游学纪事的书稿。吴影博士贴近本源的纪事和精彩点评，将帮助读者打开一个全新视角，去深入感悟稻盛经营之道的真义。

一、同学、同事、塾生

　　吴影博士同易小迪和我是北京师范大学的同窗好友，勤奋好学的他战胜了身体上的残疾，以优异成绩又考入中国人民大学研究生院，之后赴美留学获得博士学位，在美国学习工作生活十二年后，回到中国从事企业研究与实践。当年的同窗，在阳光 100 我们又成为了同事，在盛和塾又同为塾生。

　　吴影博士有着深厚的中国文化和佛法修炼的功底，对诸如领导力等西方管理学课题亦有精深研究。从东西方不同维度的解析观察，使得他对稻盛经营之道有着更深邃独到的见解。在曹岫云、白立新先生以及稻盛和夫（北京）管理顾问有限公司的指导下，2009 年阳光 100导入阿米巴经营，吴影是这一实践的直接参与者和研究者，因此，他不仅是一位卓有建树的研究者，也是中国企业实践阿米巴经营的先行

推荐序　9

者。近年来，作为北京盛和塾发起人之一，他以巨大的热忱，扶轮奔走于盛和塾塾生之间，以讲座、著述和交流等方式，推动稻盛经营哲学在中国企业界落地生根。

我也参加了本次日本游学，我们一路上交流颇多。吴影博士以阳光100为案例，刚刚出版了他的新书《阿米巴不是什么》，对稻盛哲学和实学如何在中国企业落地、具体实施中的经验教训、难点误区有着深入的解析，并有幸多次向稻盛先生当面讨教。本次大会期间，稻盛塾长亲切接见了吴影博士，很高兴看到他的新书出版，并予以嘉勉。

同学、同事、塾生，共同的企业实践和本次日本结伴游学的经历，可能是他要我写推荐序的缘由，借此我也试谈一下自己的学习感悟。

二、道可道，非常道

稻盛经营之道与西方管理之术是两个完全不同的思想体系。

西方经济学认为，人是理性"自私的"，企业可利用物质刺激，激励人去做事，再通过制度管控，制约人的私欲膨胀。人是工具，做成"事"是企业追求的目标。

稻盛塾长则认为，人的内心同时存在善恶两面，唤醒人"善"的良知，需要在"事"上磨，工作是磨炼灵魂的道场，企业做事是为了成就"人"。提高心性，成就幸福人生，这才是企业家追求的终极目标。稻盛塾长从哲学共有、达成共识互信开始，再划小核算单位，建立阿米巴组织，培养人人都是经营者。经营活动是经营者人格的直接反映，直面市场竞争，经营者需要付出不亚于任何人的努力，这就是"精进"；自主经营面对困惑，经营者需要自己做出抉择：是计较利益得失，还是坚守善恶是非？稻盛塾长的"作为人，何谓正确？"就是让经营者不断拷问自己的良知，直指人心，反躬内省、修炼心灵。拿出勇气做出正确抉择并付诸实践的过程，就是"提高心性"。

西方管理学讲"管理"，追求客户和股东价值最大化，"重在事，重在果"；稻盛塾长讲"经营"，经营企业就是经营人心，"重在人，重在因"。因此，稻盛塾长是以人为本，员工第一。动机至善，私心了无，付出不亚于任何人的努力是"因"；客户满意，股东满意，企业发展是自然得到的"果"。企业不是追逐名利的沙场，而是成就全体员工幸福人生的大学，是提高心性、拓展经营的道场。我们过去奉为圭臬的物质刺激和组织管控，一切以成果为导向，在稻盛塾长看来恰恰是本末倒置。

学习和导入稻盛经营后，阳光100找到了一条通过做好人而做好企业的光明之路，并努力实现从管理向经营的转变。用人方面，过去偏重用"能人"，现在我们更注重提拔认同企业价值观、勤奋努力的人；考核方面，过去只重业绩，只考评结果，现在则更看重出发点，更关注过程中的努力程度；组织方面，过去追求大而全的规模效应，现在更重划小核算单位，激活阿米巴组织。过去强调计划管理、物质刺激，强调执行力；现在更重视企业经营、哲学共有，强调自主决策、自主成长。过去关注"事"，强调完成任务，现在重点培养"人"，提高心性，拓展经营。

三、从心起航

本次游学对吴影博士和我触动最大的是：曾经痛苦迷失、极度利己、拼命追求个人财富名望的企业主，在加入盛和塾后，人生命运发生的巨大转变。由"利己"到"利他"人生哲学和经营哲学的改变；从视企业为实现个人抱负的工具，到追求全体员工物质和精神两方面的幸福。敬天爱人，依良知而行，遵循正确的做人做事原则，很多人在盛和塾懂得了活法，找到了幸福人生的目标和企业发展的真谛。

人们都在传颂稻盛塾长创造三家世界 500 强企业的传奇，其实 30 年的"盛和塾"更是稻盛先生的无量功德。稻盛塾长将他的人生哲学和经营之道无私分享，帮助非常多的企业获得了发展，同时使更多企业家塾生走上了幸福人生之路。稻盛先生在成功拯救日航退休后，已把主要精力放在盛和塾上。盛和塾在日本、美国、巴西、中国大陆、中国台湾等地都设有分塾，且近年在中国大陆发展最快，先后在北京、大连、青岛、无锡、上海、广州、重庆、成都等地设立分塾。

本书与之前吴影博士的《阿米巴不是什么》侧重点不同，《阿米巴不是什么》是以阳光 100 为案例对中国企业的研究，本书则是以八家盛和塾企业为案例对日本企业践行稻盛经营之道的解析。透视日本企业，反思中国实践，让本书更真实、更鲜活、更具看头。

中国当下掀起稻盛热，很多企业老板急功近利，梦想从中获得让员工玩命工作、企业快速成长、自己名利双收的"武功秘籍"。什么是稻盛哲学，什么是真正的阿米巴，吴影博士著书的目的是想告诫大家不要误入歧途，希望能透过传奇领悟精髓。学习稻盛，要从改变自己开始。

有的读者可能会感到该书有些深奥，这可能与作者研究性的著述角度有关，但作为稻盛哲学的践行者，无需受困于理论的深奥。因为伟大的真理都是朴素的。学习稻盛经营之道，我们只需：坚信，转心，践行。

利己在此岸，利他是彼岸。转心格物，由利己到利他，从心起航，稻盛塾长以企业为平台，带领我们走上了一条通达彼岸、成就人生幸福、企业成功的光明大道。

稻盛经营之道不只是用来学习的，是用来修炼的，吴影博士在书中道出了其中的真谛。

2013 年 10 月于北京

前　言

《盛和塾游学纪事》是我于 2013 年 7 月 15 日至 21 日期间以指导老师的身份，随中国企业家游学团参加第 21 届盛和塾世界大会、参观盛和塾塾生企业之后的个人学习总结。原本我纯粹只想写给自己，后因考虑到这些个人感受和总结可能对此次随行的中国企业家们，甚至未来游学的盛和塾企业家们都会有所帮助，应东方音像出版社许剑秋社长之邀，我决定把这些内容形诸文字与中国企业家们分享，同时也将其作为交给盛和塾的一份游学作业，毕竟不能白去一趟。

我做这个游学总结的目的何在？换句话说，我为什么要写这本书呢？究其原因，是我看到了我们许多企业家在此次游学中走马观花了一圈后，似乎并未学到太多的东西甚至还不太会学习，花钱搏来的机会，游学一圈后并未将应学会的东西真正学到。那么，此次盛和塾世界大会我们究竟都学了什么？大家真的都有收获吗？就我个人而言，此次游学可谓收获颇丰。

关于学习能力，我一直信奉这样一个观点——一个人若在中学时不善于学习，特别是没有学习好数理化的理性逻辑思维，那么一旦日后成为企业家或者企业高级管理者、真正运营企业时，在如何运营企业的某些能力方面一定会有所缺失。我的意思不是说这样的人就做不了企业，而是说他们可能会"先天"缺失一些必备的企业运营能力。而且这种"先天"缺失往往又很难依靠后天努力加以弥补。这种先天不足的"跛脚"会影响到这个企业最终能够走多远以及终极发展境界的问题。当然这个问题涉及本人关于领导力思想体系中的一些重要原理（注：领导力的双足走逻辑）。这里我先不给大家展开讲解这些原理。有兴趣的读者将来可以阅读本人日后的《我所理解的西点领导力》一书。

那么远的事情我们现在无需多说，还是接着谈这次盛和塾游学过程中所反映出的企业家在学习方面的许多问题。我个人感觉：此次游学的大多数企业家不太善于发现问题，也不太会提问题；他们提不出积极性、建设性的学习问题，只是提一些奇奇怪怪、与如何提高企业的经营水平好像没有什么关系的问题。似乎也不太善于发现各种有价值的思想知识点。当然这与此次游学的大多数中国企业家接触稻盛经营思想的时间比较短有关。

或许企业家们会自认此次游学收获颇丰，然而我却不这么认为，我认为还远远不够。借用稻盛先生《经营十二条》第五条的原理来讲，大家支付了昂贵的游学费用，然而却并未实现真正的游学"收益最大化"。

亦或企业家们把此次游学"收益最大化"的任务有意交给我这个蹭游学的人来完成。真若是如此，那么请允许我把此次"收益最大化"的学习收获点提炼、归纳总结一下，以便帮助与我同行的盛和塾游学企业家们，实现共同的收获颇丰。

也许有人要问，此次游学，你究竟都学到了些什么？我由衷地希望通过在这里与大家分享学习心得的过程，能够或多或少地教会大家该如何进行学习。大家不妨把此次游学活动当成一个学习案例来对待。希望借此能让大家明白这样一个道理：懂得如何学习可能比大家学习到了什么更加重要。

另外，我还要跟大家讲的是，一个善于学习的人必须学会掌握"有意注意"与"无意注意"两方面的能力。我这里讲的"有意注意"就是专注聚焦的能力，能够专攻而破，它是一个人成就任何事所必备的一种初级注意力。而"无意注意"则是指在保证专攻而破的"有意注意"之后还有剩余的精力和有效能量去关注其他次要目标或者"有意注意"之外的目标的能力，也就是具有同时聚焦多目标的能力。

听到这里，大家也许会问，二者有何关联？就能量级别而言，"有意注意"比"无意注意"的能量级别要低，在同一时刻只能够有效关注单一的目标对象。然而，实现了"有意注意"之后的"无意注意"的能量级别却可以达到同时命中多个学习目标的境界。也就是讲，多目标属性的"无意注意"能达到触类旁通的学习境界，能否达到眼观六路耳听八方的水平，既分散又专注。

对不擅长学习的人而言，其学习能量水平，或许只能达到关注学习一个目标的水平，然而他们不知有效运用专注于单一目标的"有意注意"，却是把有限能量到处散胡椒面，也就是说这些本不具有学习能量水平的人却使用了需要更高能量支撑的"无意注意"的学习方式。这就导致对任何一个学习目标的关注都变成了没有关注，都无法转化成为一种学习结果。我前面所讲走马观花的学习方式就是一个典型。这也是我认为本次游学中多数中国企业家们存在的的共性问题——时间也花了、费用也出了，大家似乎并没有学到多少东西。游学游学，却只有游而没有学。

究其根源，或许是因为这次同行的绝大多数中国企业家没有海外留学的经历，一旦到达另一个国度遭遇另一种社会文化时，往往就不知该学习什么、该如何学习。由于我有海外留学的经历，因此特别能够观察注意到这一点。为什么会这样，这都是由人们的思维定式与跨文化交流的障碍造成的。

我给年轻人做出国前辅导的时候，总是这样告诫他们：出国学习的目的既不是去学习语言，也不是为了得到一个学位或者文凭或者镀个金给未来讨个好生活。出国学习的第一要务就是要学会一种跨文化交流。只有扎到另外一个国家、另外一种社会文化环境时，中国人才会发现，原来世界其他族群的人们与我们中国人曾被灌输的思维方式是不一样的；原来其他族群的人是那样想问题的；这世界原来存在着多种文化、多种思维方式和思维习惯。

现代中国大学毕业生最欠缺的能力其实就是不会与人沟通，他们往往认为别人的想法与自己一样，没有必要沟通。许多企业的老板忽视沟通也是因为这个，他们总以为自己怎么想的，别人的想法同样也应如此。别人就应是自己肚子里的虫。如果别人（企业员工）不能够知道我这个做老板的心里面想什么，那么一定就是别人的罪过（员工的问题）。这或许也是独生子女家庭培养出来的一种思维模式吧。

忽视别人与自己想法的差异，假想别人的想法与自己相同，这种天真的想法在其更换了生活国度和文化环境之后就会全方位、明确显著地反映出来。因此，我认为，一个真正成熟的留学生，首先应该学会的就是一种跨文化的沟通交流能力，也就是必须明白自己留学国家的人的思维方式可能会与自己原先生活的国度的人们不一样。语言的差异迫使留学生必须从头开始学习如何与其他民族的人进行沟通。

当然也有一种人在国外生活多年学会的只是餐厅用语或者实验室用语，即便拿了几个什么××后，现实生活中却连校门都不敢迈出，不敢去接触真正的社会。真不知道这种留学究竟有何意义？

我一直给身边的年轻人讲，当你在另一种文化圈中能够学会了跨文化沟通，即便日后再回归中国文化环境、中国企业里，你也会非常擅长人与人之间的交往与交流，因为这时你已经学会了换位思考。然而我们现在所看到的海归则完全不是这么一回事，除了会操着洋文说话之外，还真看不出有什么沟通的本领。

仅在单一文化圈生存的人们一般是不容易有此感觉的。他们往往只站在自己单一文化圈的思维架构内看待其他文化，这就是一种思维定式。这种思维定式往往会忽视或者无视其他文化的优点，亦或忽视或者无视其他文化与自己文化的差异性。我认为这种忽视至少导致了非关注信息中的 60%～70% 会在无意中被忽视掉。剩下 30% 左右的差异性信息，往往则又会被心理学称之为自我服务偏差（Self-serving bias）的自我保护给有意识地过滤掉。其实任何文化体系都具有某些价值偏好，它们往往会清晰地丈量自身文化体系的优点，并用自我归因的优点论证他人的缺点，同时，自我服务偏差往往又缺乏能够丈量其他文化体系优点的刻度。

其余 10% 左右的信息差异，虽被自我文化体系和思维定式所承认、接纳，然则这些信息差异往往都属于量性而非本质的差异，只是一些与自我思维定式不矛盾、不冲突、不具有挑战意义的信息而已。这类非本质差异性的信息，实际价值不大，不可能给思考者带来真正意义上的思维革命或者思想革命。仅学习只占 10% 左右的非本质差异性的信息，实际上反倒是巩固自身原有的思维定式，而却未真正发生本质性的思维变化。其实这也是"会学习"与"不会学习的差异，即便是数量上有 10 倍之差，更遑论可否发生思维革命的天壤之别了。

实际上，这就是我在 2013 年盛和塾游学过程中所发现的中国企业家们身上存在的最致命的问题——带着固有的思维定式去游学。90%值得学习的游学信息，可能已经被大家忽略掉了。

我在《阿米巴不是什么》一书中曾经不止一次强调：垂直攀登的成功道路可能只有一条，正如自古华山一条路，而不像在平面空间里的条条大路通罗马。我的观察思考就是帮助企业家们不要走上一些常规的错误之路，并将这次盛和塾游学中发现的问题写出来献给大家，希望未来的中国企业家游学能或多或少从中受益。

我们这里所说的"真正善于学习的人一定是少犯错误的人，即使犯错误也应让其有价值，而且尽量避免犯那些致命的错误。实际上善于学习的人也一定是善于思考、善于在头脑中进行逻辑推演的人。用《孙子兵法》的话讲就是"胜者先胜而后求战"，也就是说企业家游学时应该先做好功课。

我们所说的"付出不亚于任何人的努力"的人并不一定是凡事都把错误犯一遍、把血流一遍、把命拼一遍的人，因为有些错误的代价是承受不起的，有些跟头若摔那么一次，不一定人人都能再爬起来。本书的写作目的，是来填埋错误之坑，避免大家走上错误之路。

试析世界大会塾生发表

引 言

　　中译本的稻盛先生著作，现已出版 30 本左右了。我本人非常喜欢《创造高收益》系列丛书，内容都选自稻盛先生与塾生们之间的鲜活问答。我为什么特别喜欢这几本书呢？因为我感觉，无论塾生们问什么样的问题，稻盛先生都能够把具体的经营问题引到经营哲学的原点与经营理念体系上，无论怎么解答都不会发生逻辑与理念打架。我认为，稻盛先生这种经营原理逻辑（注：稻盛先生称之为原理原则）收敛的能力集中体现了其经营思想的逻辑严谨性，特别体现出稻盛思想作为一个思想体系的高度完整性与一致性。相比之下许多知名中国企业家的思想却是经不起逻辑推敲的，别看他们谈起各种观点来好像是头头是道，然而如果深入推敲的话，许多观点其实都是相互打架的。

　　然而，就学习稻盛经营思想的逻辑严谨性一点而言，却是中国企业家思维所欠缺的，他们大多数只是表面上说事、谈理解，而并未真正地掌握稻盛经营思想体系。他们学习稻盛思想，往往只是把稻盛思想作为成果化的东西或者语录去学习，而不是把稻盛思想作为如何思如何想的思维模式来学习。这种学习其实仍然属于一种"果思维"而没有转变到"因思维"上去，没有真正把稻盛思想血肉化。其实这也是我所担忧的那种中国企业家学习稻盛思想过于亢奋的非理性状态，因为任何非理性的学习都不会长久，很可能一阵风就刮过去了。

　　大家一定切记，我们学习稻盛思想的关键是要学习稻盛先生的思维方式。只有真正学会了稻盛先生的思维方式，那么将来无论遇到什么样的企业问题（注：本人称之为企业经营的应用题），我们才会自己解决。这才是从根子上学会了稻盛经营思想。而当今中国企业家最易犯的学习错误就是不学原理原则公式，一上来就想把应用题做对，或者拿着应用题到处问，这其实也是中国企业家们思维收敛力不够的一种表现。

为了能够有更多机会了解稻盛先生使用经营原理原则解题的思路，我一直想有更多的现场机会能够聆听稻盛先生与塾生企业家们之间的问答或者聆听稻盛塾长点评塾生企业家们的发言。

据说盛和塾第 21 届世界大会一共聚集了全球 4365 位盛和塾塾生企业家，是有史以来规模最大的一届。因为规模大，需要有一个能够同时容纳 5000 人的恳亲会聚餐大厅，所以很难找到合适的场地。本次世界大会之所以在横滨举行，据说也是因为这方面的原因，合适的场地在东京不太好找。因此随行的朋友感叹：小日本呀！小日本什么东西都小！连大的会场都不太好找。

本届盛和塾世界大会，一共有 8 位塾生企业家进行发表，这着实给我提供了一次宝贵的学习机会。以下就是我在聆听 8 位塾生发表与稻盛塾长点评后的一些感想，写出来与大家一起分享。至于 8 位塾生企业家所发表的原文会刊登在《稻盛和夫经营研究》第十期上，请恕本人没有发表全文的授权。

还要告诉大家的一点是，关于 8 位塾生发表的感想都是按照我自己的逻辑与思路脉络来写的，与 8 位塾生的发表原文的套路并不一样。我主要是从企业发展与领导力成长之间的逻辑关系来进行梳理的，因为本人正在着手写两本关于领导力的书（注：题目为《我所理解的西点领导力》与《企业发展与领导力提升》），所以这方面的思维现在在头脑中还比较鲜活，就拿出来小刀一试了。客观地讲，稻盛思想本身具有一切成功领导力的属性与机制，而且稻盛先生本人给我们树立的就是一个成功领导力的典范。

关于 8 位塾生发表的感想，也可以说是我随兴而写，篇幅可能会或长或短，有话就多讲，无话则少唠叨。还请读者见谅。

清晰的成长路径

——试析小豆岛井上智博先生的发表

井上先生发表的题目是"汇集各人力量，实践造福利他"，这个发表很清晰地勾画出一位经营者的成长道路，不仅符合经营方面的成长和进步，而且还符合领导力的成长，给人印象深刻，因此我使用了一个自己有感悟性的标题。

我们还是先言归正传，井上智博先经营的是水果种植业，并由此延伸到水果产品深加工（超越食用的意义）和产品邮购经营，开创出一种井上智博先生称之为第六产业的经营方式。

"天生"的经营头脑

井上先生的发表是令我体悟非常深的一位塾生发言，因此我用在井上先生发表上的笔墨可能会比较多一些。井上智博是"井上诚耕园"的第三代园主。"井上诚耕园"位于日本濑户内海的一个小岛——小豆岛上，主要种植柑橘与橄榄并进行深加工和销售。井上先生从父辈接手的时候，"井上诚耕园"还属于传统的家族式农业种植业，而现在的"井上诚耕园"已经是超越家族意义的企业化经营了，井上智博是"井上诚耕园"的企业法人。

井上先生的发表基本上是按照时间先后进行讲述的，因为其看似平淡的发表可能会让中国企业家们忽略许多有价值的学习点，所以本人从另一个角度，即从几个经营维度方面对井上先生的发表进行分析，希望能让中国企业家们从中看到更多的经营原理甚至"团队与领导力"

原理。

给我印象最深的就是井上家族似乎具有某种"天生"的经营嗅觉或者经营意识，这一点对井上先生日后学习稻盛思想时的积极动力都有影响。首先，井上先生的祖父原本是一位木匠，看到村子一半以上"朝南、日照良好的斜坡"土地之后意识到了"放着日照良好的地不种，地区就没法发展"的问题，于是从1940年就开始种橘子。1946年，还是学生的井上先生的父亲和叔父开始尝试种橄榄树。10年后，橄榄树成熟了，井上先生的父亲就开始进行深加工，制成橄榄制品在小豆岛上推销。井上先生祖父这种慧眼识资源的本领以及父亲把农产品进行深加工的思维，其实就是一种"天生"的经营意识。这绝非是务农的农民都能具有的思维意识。

我在《阿米巴不是什么》一书中给大家讲过，无论是经营模式还是管理模式，企业运作都会面对人与事两个对象维度。就经营模式讲，那就是经营人与经营事两个目标维度。从企业经营方面讲，企业家的经营嗅觉往往都是从经营事这个维度入手的，在经营事方面取得一定成功后再向经营人方面转变。也就是说，就企业的自然发展而言，往往是一种"事先而人后"的逻辑。

然而当企业发展走到"以领导力为导向"的发展阶段时，要求的却是一种"人先而事后"的逻辑。这种从"事先而人后"的逻辑向"人先而事后"逻辑的转变，实际上就是一种企业领导力的飞跃，也代表着企业组织结构的飞跃。稻盛思想、京瓷哲学实际上就是完成这种飞跃的促成因素，也就是从此岸逻辑飞渡到彼岸逻辑上。

井上先生的"井上诚耕园"经营属于麻雀虽小，却五脏俱全。井上先生的"井上诚耕园"的发展恰恰验证了企业的这条从此岸到彼岸的发展道路，这种发展道路转型恰恰是从遭遇到困局开始的。实际上这是发展的一个通理。只有突破困局才是发展真正的开始。就像稻盛先生讲的那样"认为不行的时候才是工作的开始"。所谓"穷则思变",不经历风雨怎能见到彩虹。道理大家似乎都懂,然而真正遇到问题时能不能那样做就是另外一回事了。

先让我们就"经营事"这个维度来看一看井上先生所遭遇的困局与突破和发展。橘子成林了,橄榄成树了,然而好景不长,价格战却开打了。全国大丰收,然而谁也卖不上好价钱,反倒是按照最低价进行拍卖。这个时候,还在批发市场上打工的井上智博就萌生了应该"自己制定价格"把产品直接销售给消费者的"直销思维"想法。

井上先生在直销成功之后,一直坚持产品深加工的思路,如按照稻盛先生"定价即经营"的原理开发推销的"精华橄榄油"。这个产品的成功使井上先生之后的新产品开发、企业收益以及员工薪酬的增加都进入了一种良性循环。又比如井上先生请国家科研机构帮助研发的"伊予橘橄榄油",再如他还积极开拓西班牙的橄榄种植园等等。这些都很好地表现出井上先生开拓的经营意识——"经营事"维度方面的意识,让经营意识走在企业发展的前面,成为一种在前面主动引领企业发展的"牵引力"而不是所谓的"推动力"。井上先生的产品创新意识、市场开拓意识可谓是层出不穷。关于这一点,或许在第二章"学习交流"讨论关于参观小仓屋柳本的体会进行对比说明时,大家可能才会有更加深刻的理解。

关于井上先生的产业经营意识,他那个第六产业的概念可谓是别具一格。也就是说,农业种植业属于第一产业,种植水果之后的深加工则属于第二产业,属于制造业,而邮购型的直销式销售与服务则属于第三产业。井上先生将种植 + 加工 + 销售 =1+2+3=6 集于一体,于是就构成了新型农业经营模式的第六产业。这就是井上先生不断开拓的经营意识的写照,也是不断地向自己经营业务链上添加附加价值的方法。由此可见,井上家族在"经营事"方面的经营意识一直处于一种先行与积极主导的状态，一直使"井上诚耕园"的经营处于一种良性循环状态。

井上先生的"井上诚耕园"在"经营事"的维度上，在丰收后遭遇价格战之后，也就是在经历了生产环节的价值无法实现的困局之后，最终是以在销售方面直销方式的突破、也就是以"通讯贩卖"的方式（注：当时井上先生还不知道这个概念）来解决经营困局的。然而这个"经营事"的困局之解，却完全是井上先生一家人通过无心插柳的"利他"善念而获得的一种结果，并非是通过刻意的利益追求来实现的。换句话讲，"经营事"的困局之解恰恰来自于"经营人"经营客户人心的善念之举。这其实就是我要给大家强调的另外一条主线——井上先生一家人所坚持的利他之心的主线。

事情是这样的。小豆岛属于日本寺院巡礼之旅的一条线路，岛上遍布着供给巡礼人住宿的民居。有一次，供给巡礼住宿用民居家的浴池坏了，于是客人们就来借用井上家的浴池。井上先生的父亲很乐意与客人们聊旅途见闻，所以等客人们泡完澡后，井上先生的父亲就开始与他们聊天，同时还送上了自家种的柑橘。结果是什么呢？寺院巡礼结束回到家中的客人们为了感谢井上先生父亲的款待，就打来电话直接订购柑橘。井上家的柑橘直销以及后来的橄榄直销就是这样开始的，完全是由井上先生的父亲热情好客的利他之举而引发的。此后，特别是井上先生接触了稻盛思想后，他的"利他之心"就不再是随意之举了，而成为了一种有意的修为与自觉的要求。"利他之心"这条主线始终是鞭策"井上诚耕园"企业发展的一个核心动力。

信念与坚持

井上先生的发表给我留下的另一印象就是他信念的坚持。比如，他一直坚持种植柑橘与橄榄，而不是一遇风吹草动和困难就换行业、换产品，他始终持之以恒的在柑橘与橄榄这条主线上进行深度的产品开发与价值提升，甚至海外市场拓展时仍沿着这条业务、产品主线进行。事业的拓展脉络极其清晰，事业扩张一直在累积做加法。

接触稻盛思想后井上先生的那种信念的坚持则体现在持之以恒的学习与每日反省，还有其面对海外市场时的那种信念坚持，他始终坚信"哲学是世界通用的"理念。井上先生的发表着实让人感觉到一种强烈的心愿与坚持。关于坚持，我这里插一句团队建设大师兰西奥尼在其《克服团队协作的五种障碍》的话，他在书的开篇明确指出："实现团队协作不需要具备多么高明的智慧或大师一般的技巧，关键在于勇气和坚持。"坚持认准的目标，是一切成功者或者领导者所必须的。不能坚持的人，将一事无成。

迈向企业团队的转折点

讲完了井上先生"经营事"的几条主线后，接下来我们再抽丝剥茧地说一说他"经营人"这个维度的几条主线。他通过邮购"通讯贩卖"成功销出柑橘与橄榄之后，一些想从事橄榄种植的人士突然从城里跑来希望加入"井上诚耕园"。其中一位女士怀有非常强烈的梦想希望加入。当时井上先生的父母极其反对，然而他还是接纳了从城里投奔来的许多年轻人，于是"井上诚耕园"从自家家业的几个人一下子变成了20多人。

听到这些，企业家们或许一带而过。实际上这却是"井上诚耕园"事业发展的一个非常重要的转折点。之所以非常重要，那是因为井上先生开始从只关注"经营事"这个维度开始转向关注"经营人"这个维度了。

大家要知道，现代企业制度其实属于西方文明的一种概念范畴，是现代人类组织的一种有效方式。东方传统社会的组织形式主要是基于家庭或者宗族结构，是建立在血脉关系基础之上的。因此，在现代东方社会中大多数的成功企业往往都属于家族企业，是家族利益共同体，实际上不过是放大了的个体利益而已，比如香港那几大家族经营体。

在大多数人的眼中，家族企业规模无论是几百亿还是上千亿，仍是一种落后的经营机制和经营理念。大家也知道，稻盛先生所开创的企业机制属于一种大家族主义，是以对待亲人的方式对待那些并没有血脉关联的员工伙伴。井上先生在"井上诚耕园"经营中能够不顾父母的强烈反对，像接待家人一样接纳外来的城里人加入，其实就已迈出了从个体家族主义向现代大家族主义飞跃的第一步。这个转变实际上也是从个体经营向企业化经营转变的重要一步。这种大家族企业与西方那种单纯雇佣关系的企业组织不完全一样。关于这一点，大家在后文本田章郎的讨论中可能会有更深的理解。

或许我们可以这样比喻，西方企业属于雇佣军，而稻盛思想的大家族企业则属于是子弟兵。稻盛先生的大家族企业是将东方传统家族企业进行现代化，或者说是将西方企业雇用主义进行东方化。

井上先生把外人招到自己的种植园里，使家族事业企业化，实际上就是一种二次创业的机制，是在"经营人"维度打造企业团队的机制。于是"井上诚耕园"产业的属性就发生了改变，从原来单纯自己做事转变成要带领一群伙伴一起做事业。我们说，仅自己做事成否可以说在个人，然而真正做事业则一定要依靠大家。做事在人，做事业依靠大家，是这样一个原理，必须经营人心。这也是"众人拾柴火焰高"的原理，也是一种点燃人心原理，在这里已经发生了逻辑转换，稻盛经营思想的核心就在于此。

起初井上先生根本没有意识到这些，就连稻盛先生开始创业时，在那个"三天三夜谈判"发生前，也并未意识到"自己努力"与"带领众人一起努力"的差别，还以为一伙人做事与一个人做事没有什么本质的不同。

中国人常讲"林子大了什么鸟都有"，人一多起来，问题也会随之接踵而至。抱着不同梦想和理念或者还夹杂着各种需求的人聚在一起，时间一长就会出现不同意见甚至会滋生出各种不满；有人要求涨工资，有人要求更多的自由时间，有人则质疑工作的意义到底是什么。就像稻盛先生的点评"梦想与现实开始冲突了"，其实也就是一个团队、一个组织进入困局了，没有共享的团队思维与团队目标。

而这时井上先生的想法也从帮助那位女士圆梦的利他初衷转变成为强迫员工工作、把员工当成满足自己利益的工具。带着利己的思维面对一个团队，井上先生也困惑了，不知道该怎么办。

有缘结识稻盛思想

应该说井上先生是非常幸运的。在"经营事"维度遭遇到价格战后他们遇到参加寺院巡礼之旅的客人借用浴池的事情从而开启了邮购直销；这似乎就是一种人生幸运。当他在"经营人"维度遭遇到困境之时，却很幸运地在书店里看到了稻盛先生的著作《活法》。通过阅读稻盛塾长的著作，他的心结也随之被打开，"利他之心"再一次被呼唤出来。

井上先生领悟到：要珍惜经营"井上诚耕园"的意义，要不忘初衷，要不忘对人与自然的敬畏之心，要不忘感恩之心，要怀着通过自己的活法和工作为社会和他人谋福利的心，要多行善事。

第二天，被良知开启的井上先生对自己的员工们说了这样一番话："你们的社长（注：指井上自己）是个普通人，你们也都是普通人。但是，只要我们团结一心，发挥各自的特长和技能，互帮互助、同心同力，就一定能做出不平凡的事。"要我说，井上先生这位"普通人"的悟性实在高，能在阅读了稻盛先生《活法》的第二天就说出这样水准的话。

不谋而合的智慧

我这里之所以引用井上先生上述的那番话，是有用意的。之前请允许我再给大家引用另外一句话，大家自己做一个比较。它就是关于成功商业模式的一种定义。

所谓成功商业模式就是可以使用平均甚至平庸的资源缔造出一流甚至超一流的辉煌业绩。任何需要通过使用顶级资源而成就出来的辉煌业绩，其实并不是成功的商业模式。那只是顶级资源发挥了作用而已，商业模式本身却并没有创造任何价值增值。我们应把该种商业模式称之为平庸的商业模式，它是通过资源创造价值，而不是通过模式创造价值。

大家若将井上先生的那一番话与成功商业模式的定义对比一下，不难发现两者所反映出来的思想具有完全相同的意思。我想井上先生自己或许并不了解成功商业模式的定义，起码在当时是不会知道的，然而井上先生能够在阅读稻盛先生《活法》一书之后的第二天就能产生具有如此思想高度的认识，由此可见稻盛思想具有巨大的能量。

不妨再给大家举一例。井上先生在阐述公司的创业理念时说："这个创业理念一定同守护大家的梦想、价值和彼此的生活紧紧相连。"告诉大家，他的这句话与领导力大师詹姆斯·麦格雷戈·伯恩斯的转型领导力的思想也是完全一致的。想必井上先生本人未必知道伯恩斯这个人。

我这里不由得发出这样的感慨，稻盛先生的学生都可以达到这样的思想高度，弟子尚且如此，师父那还用说吗？

修身与齐家

打造团队、构造集体，其实就是儒家思想所谓"齐家"的范畴。大家都知道，要想齐家，必须先要修身。这其实也符合领导力自身提升的原理。也就是说，只有领导者、经营者自身的领导力提升了，才能够引导团队、组织结构的转变，才可向团队传递能量。

井上先生加入盛和塾后，放下身段，从零开始学习如何做一个合格的经营者。他通过学习、反复听录音还有每日反省，并以"不亚于任何人的努力"守护员工的生活，并开始把自己从盛和塾学到的东西用于企业经营实践以及为地区与社会做贡献的行动中。

通过修身提升，井上先生走上了一条自觉遵循利他思维的道路。比如，当他见到大量农户种植的伊予柑树面临被砍伐的命运时，就自己请国家科研机构开发出的"伊予柑橄榄油"和其他多种伊予柑产品，从而挽救了大量的种植农户。又比如在开发西班牙橄榄园时，从"利他之心"、"让对方获利"的角度出发，他接受对方提出的所有条件从而赢得西班牙橄榄园农户们的人心。

成长脉络清晰

井上先生的发表给我印象最为深刻的就是经营成长条理清晰，"经营事"与"经营人"这两个维度的发展条理都非常清晰。清晰的成长路径简直就像一部典型的领导力成长的教科书，他在"经营事"与

"经营人"这两个维度突破困局的转折点也都非常神奇，似乎都有"天助"或者上天垂爱的成分。

在"经营事"的维度方面，从最初井上先生的祖父慧眼识别土地资源的优势，定位种植柑橘开始，到井上先生的父亲、叔父种植橄榄，开展水果深加工，再到井上先生本人开拓邮购直销、进一步展开科研性产品深加工事业以及积极开拓西班牙海外市场，这条业务主线极其清晰，既具有积极开拓进取的精神，又符合稻盛先生关于事业开拓不打飞石的原则（注：搞多种经营不能离本行太远，我称其为延长线原则）。井上一家的事业开拓可谓是层层深入，步步为营、每每收益，形成一种正向良性循环。整个事业逐步从第一产业向第二产业、第三产业开拓，从初级产品向深加工附加价值产品深入，形成一体化的第六产业结构，充分体现了井上一家的经营头脑与对事业方向持之以恒的坚持。

在"经营人"的这个维度上，井上的思路脉络也是非常清晰的。当他从个体家族产业迈向企业化运营、遭遇到团队人心冲突时，井上先生很幸运地接触到稻盛思想，从而开启了井上先生"修身、齐家、治国、平天下"的人心经营之路。

"修身"就是指他拼命地学习稻盛思想并每日反省自己；"齐家"就是指他把从盛和塾学到的用于自己企业的实践，点燃激发自己的企业团队；"治国"就是履行超越自己企业团队更大的社会责任，比如开发"伊予柑橄榄油"以及其他多种伊予柑产品，挽救了大量的种植农户；接下来的"平天下"，就是指他主动走出国门，开拓国际市场。大家要注意，井上先生"经营人"这条"修身、齐家、治国、平天下"的主线始终都贯穿着"利他之心"这个灵魂。

我认为，井上先生的发表，脉络极其清晰，层次分明，转折戏剧。从他的身上，我们看到了一个企业或者一个经营者、领导者的成长路径，看到其在"经营事"与"经营人"两个维度困境突围和飞跃的轨迹，以及从"事逻辑"向"人逻辑"的适时转变，一个从"此岸逻辑"向"彼岸逻辑"成功转变的案例。

看上去井上先生很幸运，无论是其在"经营事"还是在"经营人"的困局之中似乎都遇到了及时的"天助"。然而真正能获得"天助"的人一定是因为他自己已经"付出了不亚于任何人的努力"。这也是稻盛先生经营思想中非常核心的一点。天道酬勤也是这个道理。

经营不是仅仅扩大公司规模

——试析B&P公司和田山英一先生的发表

和田山"经营不是仅仅扩大公司规模"这个发表题目非常触动我，因为它解释了经营在本质上并非成果主义所追求的那种含义。而这往往又是中国企业家们基本上意识不到的一个问题，因此我对这个问题分析的标题仍然保留了和田山发表的题目。

B&P 公司是做广告招牌制作生意的。这种生意的行业属性决定了和田山的公司不可能做成太大规模的业绩，因此他对经营是不是一定要把公司做大的这个问题非常纠结。如果业务做不大，那么公司经营的目标又应该是什么呢？我个人认为和田山关于"经营不是仅仅扩大公司规模"的这个认识对绝大多数学习稻盛经营思想的中国企业家而言，意义非常重大。能够认识到这一点，说明和田山学习稻盛经营思想的认知深度其实已达到了非同一般的程度。

B&P公司名称的含义

和田山的发表首先让人感觉到了一种戏剧性人生的味道，既充满着老天安排的戏剧人生，又让人感到人生充满变化的可塑性。无论是年少还是年长，只要良知尚存、有接触到并掌握稻盛思想这样系统思想的机会，那么人人都可以向正方向发生改变。还是那句话，未必人人都可以成为李杜（李白与杜甫），然而人人却皆可成舜尧，成为具有"利他之心"的好人，只要内心良知的种子尚存即可。

和田山出生在大阪，他本人自称是典型的日本关西人。我本人并不太了解日本的本地文化，也不知道典型的日本关西人究竟具有什么样的性格。从稻盛塾长后来的点评中，我们似乎感觉到关西人可能在性格上比较诙谐幽默，能够调侃自己。这其实与和田山的戏剧人生也是高度一致的。

先给大家展示一下和田山的幽默感吧。他的企业名称叫作B&P。在接触稻盛思想之前，和田山像绝大多数企业家一样，都是出于追求个人利益、让自己过上好日子的目的来做企业的。B&P这个企业名称的意思就是把奔驰Benz与保时捷Porsche这两个单词的字头缩写拼加在一起。接触学习了稻盛思想、改变了心态和思维后，和田山重新诠释B&P企业为"Best Partner（最佳伙伴）"。B&P这个名称的不同诠释给我们留下了极其深刻的印象，也代表了稻盛思想给和田山的人生观和企业价值观带来了翻天覆地的变化。

戏剧人生一幕幕

接下来就让我给大家简单梳理一下和田山的戏剧人生。年少时家境还算不错，不过高考时却落榜，又逢父母分居，于是他就自己出来单独居住并从事一份配送工作。

他一边工作一边补习，过着自食其力的半工半读生活。三年后终于凭借自己的能力考上了关西大学。与那些养尊处优的同学不同，他仍然是一边打工一边读大学。我个人认为，边打工边补习或者边打工边读大学这几年或许是在和田山心里埋下人生良知种子的重要时期，看到自己努力的意义，为其日后在心底真正接受稻盛思想打下了人生伏笔，虽然其随后的人生经历似乎转向了被物质利益与欲望埋没内心良知的人生迷茫时期。其实这也说明了一个重要的人生道理：任何一个人都不可能平白无故得到一个好东西，绝对没有白来的午餐。白来的东西，人们不会感觉到它真正的价值，轻而易举得到的，人们往往不会珍惜。只有经历过人生磨难的人才会知道东西的珍贵，什么是人生中的宝物。

接下来要说的是和田山充满戏剧性人生的另一幕。那是在他上大二那年的 12 月 31 日，在大阪闹市区他遇到了久违的父亲，并与之谈起自己这几年边打工边学习的情况。他父亲听了和田山的讲述后不但未显露出满意与高兴的情绪，反而骂他太傻了。他父亲说，上大学当学生的时候就应该花天酒地，夜夜笙歌，甚至跟朋友打打架，闯闯祸，到处玩个够。我这个当爹的拼命工作，就是为了能够让自己的儿子有条件做一个学生应该做的事情。

和田山父亲的观点着实让我有些跌破眼镜。他们那代人竟有这样的观点，那么日本在过去 20 年的失落也就不足为怪了！和田山当时觉得有这样一位父亲其实还是蛮不错的，于是转过天来新年伊始，他搬到了父亲家与之一起住。他一边上学一边帮助照顾一下父亲的生意，自己的零花钱再也不用受到限制。他感觉自己就像灰姑娘一样，一下子从半工半读的穷小子变成了衣食无忧的花花公子。他以为这样的人生似乎可以无限期地继续下去，大学毕业后就可以去接父亲生意的班了。然而这只是和田山戏剧人生的一幕而已，是他的一厢情愿。

接下来他的人生又发生了戏剧性的一幕。大四快毕业时，父亲跟他说：毕业后找家公司上班去吧。完全没有让和田山接班的意思。无奈之下，他只好出去找工作。和田山的父亲确实说到做到：儿子当学生时，做父亲的可以提供钱和支持，他可以花天酒地；然而当儿子大学毕业，不再是学生了，那么当父亲的就不必再管了。

就这样，25 岁的和田山找了一家大型企业工作。然而和田山一进入这家企业，就体验到另外一种人生：周边工作的同事往往都是出自像早稻田大学那样名校的毕业生，人家无论在工作能力还是在高尔夫球和 K 歌、麻将等方面都比他高上一筹,于是和田山的优越感立刻没有了,他就只有一年到头埋头工作这一条出路了,以期望在工作业绩上能够不落人后。

尽管和田山拼命努力后的销售业绩一直保持在公司全国前五名的位置,尽管他一直以来都抱着在十年之内进入公司管理层的目标而努力工作,但是他戏剧人生的另一幕还是不期而至。在他进入公司第九年的时候,按理公司应该给他升职,然而一位各方面都不如他的同事却被优先升职,他因此深深地感到一种挫败感,于是在 35 岁的时候他就毅然决然地辞职,开始自己创业。

从 35 岁自己创业到 53 岁进入盛和塾的 18 年里,和田山公司的销售额一直徘徊在 2 亿日元的水平,而且在第 15 年公司还险些破产。和田山之所以有缘接触稻盛思想,要归因于他后来应一个大客户的要求,将公司的业务扩展到了东京,并在东京开了一家很小的营业厅。

或许是因 18 年的摔打磨炼机缘到了,在东京营业厅开设转过年来的 1 月份,一位公司的社长给和田山听了一盘稻盛先生讲演的 CD,一共有 50 卷。和田山花了 4 个月的时间听了三遍。在 2003 年 5 月,他加入了盛和塾。

只要有良知,人是可以改变的

稻盛思想能够使企业家的内心和企业团队的经营理念发生转变,从而使企业全体员工的工作积极性发生翻天覆地的变化。而这一系列转变都始于企业家内心的转变。

什么样的企业家接触稻盛思想后可以发生转变?亦可这样问,稻盛思想可以使什么样的企业家发生内心转变(即:人生观、价值观的转变)?这也是稻盛思想传播者们一直纠结的一个重要问题。在当今这个物欲横流的社会，能够发自内心接受稻盛经营思想的企业家毕竟是少数。所以我们更加关心该向什么样的企业家传播稻盛经营思想这个问题。

要我说，和田山的人生本身就是一部充满变化的戏剧性样板。他就是一个从"一心只想做生意、赚大钱、过奢侈生活的利己主义经营者"向"为了员工、他人与社会在经营中磨炼自己、完善品性"正方向转变的样板。他人生这种品性转变的可塑性很值得我们进一步研究与分析。

我一直认为下列因素是企业家发生价值观转变的具备条件：（1）企业家内心先要还存在那颗良知的心灵种子，亦即良知尚存；（2）要有一个能够激发良知种子萌发的时机；（3）有一个能够培育良知种子成长壮大的友好环境。

在我看来，和田山遇到父亲之前那几年的半工半读就是在心灵埋下良知种子的年代，良知使其在被父亲骂时感到很惊讶。和田山独立创业、经营企业的 18 年磨炼，以及其第 15 年几乎破产的经营历程，都是在塑造准备接受稻盛经营思想的条件。如果没有这 18 年的磨炼，恐怕他遇到稻盛思想可能也不会珍惜，更不要说发自内心的真心接受。

从和田山的发表中我们也可以看到第三个条件：培育良知种子成长壮大所需的友好环境，这其实也是中国盛和塾还远未做到的那种高密度、高频率为企业家们所创造的学习环境。从和田山的发表中我们看到，他首先加入了一个《经营十二条》的学习小组，学习小组内还有一个关于《提高心性，拓展经营》的读书讨论组，这种学习对和田山的影响非常大。他刚刚加入盛和塾东京分塾时，每晚回到公寓后，就像初中生一样，心里充满了蓬勃的朝气，然后一路小跑去盛和塾提供的环境学习。

试问在中国盛和塾有能够让企业家每晚都去学习的环境吗？可能

连每个月活动一次的条件还都不具备。绝大多数的中国企业家学习稻盛思想时，都是在自己企业的内部环境中，都习惯于把自己摆放在一个指手画脚指挥教训别人的角色位置，没一个能把自己放到真正做学生的环境中。其实这也是中国盛和塾目前缺失的功能——给企业家们创造一个真正的学习环境。

我特别喜欢和田山"就会像初中生一样，心里充满了蓬勃的朝气，然后一路小跑着去学习"的描述。大家知道，一个人的世界观、价值观、人生观基本上都是在中学时代形成的。我一直有这样一种观点：初中时代数理化的学习训练其实是在塑造一个人的逻辑思维能力，而不仅仅是掌握数理化知识。一个人连初中的学习都不太灵光，那么他未来企业经营管理能力也是要受制约的，即使一时做企业，也不可能走得长久。

对于一个价值观已经成形的成年人、特别是在某种程度上事业有成的成功人士而言，要想改变他的价值观实在是太难了。当然这并不是说不行，只不过这种改变所需要的门槛比较高。这种改变既需要良知的种子尚存，也需要有友好的培养环境，更需要有机缘遇到一位精神导师、明师。其实所有这些条件最后会汇聚成为一种坚持的力量，翻越发生改变的那个高门槛。稻盛思想改变企业家的案例就是一个个改变企业家价值观的鲜活实例。和田山的发表只是这鲜活的实例中的一个，换句话讲，成年人的观念也是能够被改变的。

我们一般常说，大多数人的世界观、人生观都是在初中时代形成的，但是和田山接触稻盛经营思想后的学习热情却恰恰"像初中生一样"，是"心里充满了蓬勃的朝气"去学习的。尽管当时的和田山实际上已经53岁了，但是他的心情却像13岁的初中生一样渴望自己的思维成长与改变。这种心情或许才是促使和田山价值观发生改变的内在动力。稻盛经营思想就好像是和田山18年人生一直所期待的，之前的人生经历只不过是在迷茫中等待而已。

经营不是仅仅扩大公司规模

"经营不是仅仅扩大公司规模"其实是和田山这次世界大会发表的主题，它也是我最想跟中国企业家们分享的一个主题。我们说，遵循正确经营方式的结果一定会把企业的规模做大，但是经营企业并不一定要把企业做大当作唯一的目标或者追求的结果。做大企业属于一种"果思维"，然而经营所关注的其实是一种"因逻辑"。一个属于此岸思维，另一个则属于彼岸逻辑。关于这一点，中国企业家们往往总也绕不明白。就绝大多数来盛和塾学习稻盛经营思想的企业家们而言，其实也是如此。

在盛和塾的学习环境里，和田山也曾对企业经营与规模发展之间关系产生过困惑。那是和田山在盛和塾环境中兴致高昂学习了三年后产生的一种思想困惑——看到其他塾生企业发展的规模和员工人数都远远大于自己的企业，于是对自己企业发展的前景究竟在哪里的困惑。倘若不能在自己企业的发展规模体现出来自己的努力，那么怎么做才能够看到自己在盛和塾里面学习与努力的成果呢？

在一次塾长例会上，和田山就向稻盛塾长提出了这样的问题："我是做招牌制作生意的。我想问，来学习的人是不是一定都要把公司做大？"

和田山说，"到了现在，也许这个问题很傻，但当时的我，真的非常苦恼"。和田山认为当初很傻的这个问题，其实却是当今绝大多数中国企业家们的想法，经营就是为了把企业做大。我认为，和田山当时的想法或许是现在绝大多数来学习稻盛经营思想的中国企业家们的想法。若不想把企业的规模做大，那么我们跑到这里来学习稻盛经营思想的意义又在哪里呢？

和田山提出这个问题时是带着苦恼的，不过我们中国企业家似乎还没有达到拥有这种苦恼的地步，还认为把企业规模做大才是学习稻盛经营思想的意义所在，认为这是一个毋庸置疑和无需苦恼的问题。

对此稻盛塾长给出的回答非常清楚，"单纯的做大根本不能算作企业经营"。而且稻盛塾长明确地告诉和田山："你所从事的行业不会有大型企业。"于是和田山觉悟地认识到：经营好一家公司并不是单纯的做大，而是公司上下从社长到员工都努力实现正确的经营理念。这才是盛和塾所传播的理念。就像稻盛塾长指点和田山的那样：只要正确经营，公司发展壮大是迟早的事。

可以这么说，中国企业家学习稻盛思想绝大多数都是冲着想成为世界 500 强来的，若不是为了把企业规模做大，我干吗来学习？我不是有病吗？也就是说，中国企业家们的思维一时还很难从此岸的"果思维"、"果逻辑"绕出来。

"果逻辑"往往出于一种思维的客观"需要"，我"需要"把企业规模做大，因为这是增加企业市场竞争力的"需要"，强调的都是一种企业"需要"，是企业生存的"需要"，是企业老板利益的"需要"。其实这种生存需要、利益需要，马斯洛需求理论早就已经告诉我们，这是需要、需求最低层级的一种。

不过"因逻辑"已经上升到了价值观导向的一种"应该"了。稻盛先生倡导的"利他经营"和"作为人，何谓正确"实际上都是超越"果逻辑"的一种彼岸思维，强调的是作为一个有道德的人"应该"怎么做的问题。然而只强调自己"需要"的人，往往会为达目的而不择手段，无视什么"应该"与"不应该"。

强调"需要"往往会不择手段，会不惜损人利己；而强调"应该"则就会有道德约束和道德的指南。这就是两者重要的差别所在。

让我们还是回到"经营不在大"这个主题。我在《阿米巴不是什么》一书中曾经重点给大家讲解过这个原理，那就是"管理在大，经营在小"的原理。阿米巴经营就是"通过做小而做大"、"通过做人而做事"的逻辑。其实刘备"勿以善小而不为，勿以恶小而为之"的说法就属于"经营在小"的逻辑，提高心性需要从一点一点、一步一步脚踏实地做起。阿米巴的逻辑也是"经营在小"。

我们说，如果直接关注"经营事"维度方面的果、关注自我的利益得失、关注企业物质性的规模发展，虽然可能会有一时的收益，然而从长时间看，绝对是好景不长，早晚会遇到企业发展的瓶颈。即便实现一时的物质规模成功，那也只是昙花一现而已。不从根本上解决人的问题、人心的问题，不以价值观作为动力导向，那么企业的发展动力早晚都会有枯竭的那一天。

比如吉姆·柯林斯在其名著《从优秀到卓越》中给我们揭示了这样一个研究发现：他的研究团队通过 15 年跟踪荣登财富 500 强上榜的 1435 家企业，发现真正能够实现基业长青、永续发展的企业其实只有区区 11 家，连 1% 的比例都不到。柯林斯对这 11 家基业长青企业的研究发现，这 11 家企业的一把手都具有一种品德高尚的道德领导力，柯林斯称之为五级领导力。在从事这项研究之前，甚至连柯林斯自己都不愿意承认领导力对于企业基业长青具有任何意义，甚至还有意要排除领导力对于企业长久成功的作用。然而柯林斯研究最后发现：领导力对于企业基业长青的意义是无法排除的。

我们说，中国企业家学习稻盛经营思想的初衷几乎都是冲着把企业规模发展做大来的，甚至是抱着为了要加入到世界 500 强阵营的梦想而来的。然而仅抱着扩大企业规模的目的来学习稻盛思想其实是有偏差的。按照柯林斯的研究发现，即使上了 500 强榜单又有什么意义呢？如果没有基业长青的品德领导力加持，那种昙花一现的 500 强美梦真的有什么意义吗？前一阵网上有报道称，世界前第 8 富豪已经欠下了 20 亿美元的巨债沦为了穷光蛋。就像这样的财富上榜之人到底又有什么样的正面人生意义呢？

分级衡量进步的机制

行业与行业之间有着某种天然的不平衡性，因此使用单纯的企业规模进行比较其实没有多大意义，它起不到激励企业家提升经营意识的目的。这次在盛和塾世界大会上，我们也看到了激励不同行业的企业家们向上的奖励机制。

和田山告诉我们，他的 B&P 公司就曾经荣获过盛和塾这种激励奖励机制的"稻盛企业家一等奖"，确切地说，他所荣获的一等奖是属于非制造业第四组的"稻盛企业家一等奖"。

这是一种在盛和塾范围之内按照行业与销售水平分级划分的经营激励机制，我后面还会给大家再介绍分析。这种评奖机制给了我很大的启发。其实这种机制我们在企业内部也可以学习。我认为，这种分级激励机制对于企业内部激励不同工种、不同工作属性的员工也是有意义的。

活在塾长的年代

——试析盛和塾<京都>南部邦男先生的发表

南部先生的发表或多或少让我感觉有些穿越时空的恍惚感，似乎又回到了稻盛先生京瓷创业的那个年代。南部先生的年龄与经历比我们更接近稻盛先生的时代。不过南部先生的企业业务很特别，是做鸡蛋分选包装机这个专业领域的，企业目前居于世界第二位。其实排名在南部先生企业之前的那个世界第一也不过是一家四年前由欧美企业合并而成立的荷兰企业而已。

金钱原本没有罪过

南部先生的年龄比本人要长上十几岁，因此他的发表把我们带回到了更接近稻盛塾长京瓷创业的那个年代。按理说南部（65 岁）与前文的和田山（63 岁）应该算是同龄人。然而和田山的发表似乎距离我们时代的思维比较近，而南部的发表似乎却给我们展示出另外一个时代的叛逆形象，很像是中国"文革"时期的"革命小将"的叛逆形象。由于这个时代感，让我们感觉到了稻盛思想的一种力量——似乎对于无论什么样时代的叛逆人生都具有一种可以扭转乾坤的改变作用。

在那个革命的时代，当时的京都知事（注：知事相当于市长）是日本共产党左派人士，非常鼓励学生运动、劳工运动，主张劳资之间不可调和的阶级斗争关系。南部年轻时很热衷于当时这些学生运动、劳工运动。由于深受这些"革命"思潮的影响，南部先生在青年时代认为：一切经营者都是坏人，都是剥削劳动者的大恶人。经营者给他的印象就是"恶魔的亲戚"。因此他从青年时代起压根就没有想成为一位经营者。

这里我插谈一下本人过去的一种观念。在接触稻盛思想之前我其实也有这样的想法：好人不谈钱，君子不谈钱，谈钱非君子。似乎金钱本身真的充满了罪恶。这其实就等于说：生意还是让那些恶人去做吧！做生意的没有好人，比如就像中国"文革"时期称做生意为"投机倒把"，根本不像现在全民都想发财的唯金钱论现状。

然而在接触了稻盛思想后，我的思想发生了根本性的改变。我们阳光100把稻盛经营思想作为学习标杆，实际上就是看重"做好人也可以做好企业"这一条，做企业、做一个有正确经营理念的企业，利润可以来的光明正大，我之前的那个心结一下子给打开了。

金钱本身是没有罪恶的。金钱或者资本本身属于一种物质符号，属于物质的中性思想，物质本身并没有好坏善恶之分。是罪恶还是道德？其实并不是就金钱或者资本本身而言，而是就人在获取金钱或者获得资本的过程中所表现出来的品行而言。善取是好，豪夺则是恶。如果有罪的话，有罪的其实是人，而不是金钱。稻盛先生给我们讲得很清楚：只要利润来的光明正大，只要发心正确并付出努力获得的利润是没有问题的，金钱本身是无罪。这种金钱收益还可以贡献于员工的幸福，贡献于社会与人类的进步。认为金钱罪恶的说法实际上是为人的恶行寻找一个替罪羊而已。

搞明白金钱无罪这个道理之后，那么只要利润来的光明正大，还可有造福员工、贡献人类这样的结果，本人就由衷地期望能够有更多的良知企业家成为成功的企业家，而不是再将企业界的天下拱手让给恶人们去运营，不再让市场成为恶人们横行的天下。这实际上也与广本教授给我们游学团所讲的那个讲座——所谓"市场经济的品质"。

以技术为创业手段

南部先生是做鸡蛋分选包装机的，这是一个比较具有技术含量的行业。可以说南部先生是一个依靠技术起家的人，有一种天生的技术思维，然而南部先生却还对学生运动这些社会性问题感兴趣确实有些不可思议。客观地讲，南部有些缺乏经营头脑，因此他的创业经历对于当今那些以技术为创业手段的理科年轻人而言有非常大的启发意义。我本人在与企业家们最初交流时，也喜欢了解他们的教育背景，比如文科学历还是理科学历？这些对于理解一个人的思维方式是非常重要的，能让我知道对方的尺长寸短，从而判断出对方思维方式具有什么或者缺少什么，需要补些什么。

南部先生 16 岁的时候，他家里在镇上所开的电器店破产了。家里开的电器店的破产实际就是南部先生人生事业的起点。当时他一边读高中，一边为了重振家业在电器店里干活，同时还出去兼职做家教。

高中毕业后，他开始帮父亲做电气自动控制方面的承包工作。想必他一定是在这个时期，学到电气自动控制的手艺和技术，为其日后发明出日本第一台鸡蛋分选包装机打下了坚实的技术基础。

据南部讲，做这些技术性工作原本只是为了糊口，并非是为了经商。当然南部也并不满足于仅仅为了糊口而工作，他渴望学习，非常渴望日后能成为一名教书育人的老师。这或许是许多蔑视金钱、敌视经营者的人的通常梦想，希望成为教导别人的老师，不为五斗米折腰。因此南部在工作之余还上了立命馆大学的夜校。

然而人的命运并不一定会按照自己设想的那么安排。上天也有他的安排。南部在教师录取考试中名落孙山。然而日子还得继续过，不甘心在自家车库里糊口度日的南部，在京都市内租了200平方米的一个小工厂，不知不觉之间成为了手下有6个人的小小经营者，这时他仍然不认为成为经营者是自己的人生目标。

从南部的发表中，我了解到，日本人是世界上最喜欢吃鸡蛋的民族，而且还是唯一吃生鸡蛋的民族。不久就有人向南部提出：日本还没有自己生产的鸡蛋分选包装机，不如你们来做一个吧！于是他白天搞电气控制方面工作，晚上则开始关于鸡蛋分选包装机方面的研发。

南部走的是一条通过技术研发而创业的经营道路，最初做出来的鸡蛋分选包装机只能叫作鸡蛋破坏装置，通过不懈的努力，南部终于在 1975 年、1979 年先后研发成功了超声波封口机与鸡蛋分选包装机。这就是南部通过技术创业所开启的成功之路。

技术创新、技术领先、技术创业，这是南部作为理工男所擅长的。他们开发出来的先进设备在销路上一直不错，少有竞争。然而一般来讲，凡是依靠技术思维立业的人士，市场经营这根筋一般都比较差。一旦技术突破、产品领先、销路没有问题后，就很容易忽视真正的市场经营（注：仅是说"经营事"这个维度的经营意识，还没涉及真正的"经营人"维度）。这是技术一招鲜思维定式发展的一种必然结果。

正值南部自己开发出的鸡蛋分选包装机在日本国内市场畅销之际，一家美国公司向南部提起了关于侵犯专利权的诉讼。官司一打就是 4年，最后以南部先生向对方支付几千万日元的"和解金"才算完结。实际上就是主动认输了。这是像南部这种依靠技术创业起家而缺乏市场意识的经营者所犯的一种通病。这场官司也给南部上了一堂鲜活的经营课，使其明白仅仅依靠技术思维是不行的。现在他的企业已拥有100 多件专利，正在申请的专利还有 430 件。

技术创业后，大家知道，紧跟"经营事"维度遭遇重创后，必然会发生人方面的问题，也就是会遭遇"经营人"维度方面的挫折。经营者的人生戏剧似乎总是这样安排的。那么，如何渡过难关？这就与学习稻盛思想有所关联了。关于这一点，我们后面再讲。这里主要给大家讲技术创业思维在经营意识上所具有的明显弱项这个主题。

凡是走技术路线的经营者，技术思维是强项，一般在市场经营意识、市场经营嗅觉方面就会呈现出弱势。有一强必有一短，其实稻盛先生早就非常敏锐地发现了这一点。稻盛先生在对南部发表进行点评时非常明确地指出：能够把鸡蛋这么脆弱的东西分选出来的技术，仅用于鸡蛋分选包装机这个领域，应用范围其实太窄了，还可以在很多行业使用这种技术。

把分选包装技术仅用于鸡蛋分选行业，并且最初还是别人提议才搞的。这其实就是南部经营意识比较薄弱的一种表现。这类经营者一般是：一旦搞出领先技术、销路比较好了、市场压力感觉小了，就缺乏一种在市场压力下将经营领域向其他产业进一步横向扩展的意识。稻盛塾长的经营嗅觉实在是太敏锐了，在点评南部发表时立刻将南部这方面的问题点了出来。借稻盛先生的点评，本人也斗胆发挥一下，再向大家和那些技术创业的理工男多说上几句。

近邻安排与时时关注

客观地讲，像南部这样的理工男，他们从钻研技术角度上出发走上创业道路，要想让他们转变思维、关注稻盛经营思想并非易事。技术思维往往在非技术领域会比较封闭自己。但是，在关闭一扇门的同时上帝又为南部打开了另一扇门。关注学生运动、劳工运动的南部想必十分关注时事政治，一定会天天浏览本地的报纸。这就使南部这位理工男有了接触稻盛思想的机会。

因此"上天之手"根据南部理工男比较具象思维的特征，似乎特意安排了他生活在京都，也就是生活在与稻盛塾长在京瓷创业的同一个地点、同一个时代。这是一种绝妙的"安排"，尽管许多人不相信这个说法。

因为同在京都，南部在关注京都时事新闻时不可避免会在当地报纸上看到关于稻盛先生与京瓷公司的相关报道，无形之中就引起他对稻盛先生与京瓷这家企业的关注。南部的发表实际上也给我们透露了许多稻盛先生在京瓷创业时期的情景及其对当地社会所发挥出来的一种不可忽略的影响力。也因此南部的发表题目才叫"活在塾长的年代"。这个标题实在是再确切不过了，从南部的发表之中我们也窥测到了稻盛先生在京瓷创业时期一些难得一见的宝贵信息。

它告诉我们：当时在京都有这样一家半夜三更还亮着灯的公司。他们好像着了魔一样地在工作。当地人把这个公司称为"狂徒陶瓷"（注：与京瓷谐音，然而当时似乎是贬义的称呼）。南部被有关"狂徒陶瓷"的报道深深打动，也就是从那时起，他一直抱有一个强烈的愿望，一定要亲自见一见稻盛先生是何许人也，面对面地亲自聆听一下稻盛先生演讲的声音。

通过媒体报道，南部知道了京瓷公司的发展故事。也是从这些故事中，南部先生深受鼓舞，没有被自己一时的技术失败所吓倒，始终坚持挑战，并最终研制成功了日本制造的超声波封口机与鸡蛋分选包装机。

理工男的具象思维——空间上在一起

在南部先生技术研发成功后的 1982 年，他在距离现在京瓷总部大约 1 公里的地方租了一个 550 平方米的工厂（注：不知道距离当时的京瓷总部到底有多远）。1999 年，南部的公司搬到了位于长冈京市刚刚竣工的占地 4000 平方米的总部。不过当时的南部就已下定决心："总有一天要回到京都市，回到京瓷的附近。"

这是一种好可爱的理工男的具象逻辑思维。9年后的2008年，南部的公司又回到了京都，回到位于京瓷总部以北1.5公里的占地4600平方米的新总部。当然了南部自己也说："并不是说在京瓷附近就有什么好处，而是我们不想忘记'狂徒陶瓷'的那种努力工作的热情。"

南部的举动充分体现出了理工男的思维方式，连工厂厂址都要安排在距离京瓷总部近在咫尺的地方。这是一种非常物理化、实体化的思维方式，连学习稻盛思想都需要在物理空间上距离近。

然而，这恰恰从另外一角度反映出南部学习稻盛思想的真诚与热情，就如同当年孟母三迁，正所谓"近朱者赤"。若按照这样的逻辑，中国企业家们就不知道接下来该怎么办了？就像人们感慨《西游记》一样，如果东方人要去印度取经的话，那么西方人又应该到何处去取呢？

当然我们并不是说，理工男就不能够成为一位合格的经营者。只是说一般而言，他们的思维方式比较具象和逻辑，比较擅长与事情和技术打交道，容易钻得进去，然而在与人和销售经营打交道时就显得相对弱些。反过来讲，学文科出身的人思维方式相对比较发散、有想象力和梦想，擅长与人打交道。再反过来讲，学文科出身的人比较缺乏系统逻辑思维，量化思维、钻研落地方面的精神会比较薄弱。

事事都有例外，稻盛先生就是这样。稻盛先生出身于理工男，擅长理性思维、擅长理解并抓住"事物的本质"，同时，稻盛先生又善于理解人心、理解"人的本性"，善于处理与经营人际关系，并把人心经营纳入到一种严谨的逻辑系统之中。也就是说，稻盛先生集文理思维的优势于一身。对于那些阅读过我写的《阿米巴不是什么》一书的读者而言，应该熟悉我在书中提及的稻盛先生四大思想源泉，它与我们这里所说的稻盛先生文理兼通的特征也是一致的。

我这里给大家分析的只是理工男类型的经营者通常的几点思维弱

项而已，并不是说理工男不能够成为合格的经营者。说实话，我寻找可培养人才时的一个重要标准恰恰是大学本科学习理工科出身的人。

从上班族到经营者

——试析盛和塾<熊本>桥本欣也先生的发表

桥本先生的发表还有一个副标题，那就是"盛和塾所学帮我全副武装"。如果说刚刚南部的发表属于理工男创业的故事，属于从"斗争哲学"向"经营思想"的转变的话，那么桥本的故事，用当下比较流行的话讲，就应该是凤凰男的故事——一个人从上班族转变成为经营者的故事，或者可以说是"一位凤凰男的奇遇记"。

桥本先生目前是 DRUG MIYUKI 一家经营医药制品批发生意企业的实际经营者。这家企业的董事长是松吉宏先生。桥本是董事长松吉宏先生的女婿，这就是作为凤凰男的桥本的一个人际关系。

经历一线的锤炼

桥本于 1993 年考入福冈大学药学部，最初立志要成为一名药剂师。这似乎也是上天为桥本未来成为 DRUG MIYUKI 女婿所做的一种刻意安排。然而桥本大学毕业后并未马上去做一名真正的药剂师，为了看一看外面的广阔天地，他没有选择回老家投靠父母，而是进入了一家上市的制药公司工作，去做医药制品的销售工作。就这样，桥本被公司派遣到了熊本营业所。

熊本市，也是 DRUG MIYUKI 公司的所在地，是桥本日后成为松吉宏先生女婿的地方。在这里，我们又一次看到命运是多么的神奇！月老的红线牵的真是紧。

作为一个上班族，在制药公司打工做销售，桥本开始体验到了人生的艰辛和药品销售员的艰辛。实际上这也为桥本未来成为 DRUG MIYUKI 经营者在打基础。红绣球也不是那么好得到的！不多吃些苦，那是拿不到船票或门票的。

桥本开始打工的这家制药公司推行的是那种完完全全的绩效主义。桥本每天要工作 16 个小时，早晨 5 点半起床，6 点钟离家，每天下班回到家都已经是深夜 12 点以后了，而且周六、周日还要工作。他还经常半夜坐在公园里吃泡面。即使像这样奴隶般的工作，每个月能够拿到手的工资也就 16 万日元，还要从中拿出来五六万当回扣给客户。

在这个实行完完全全绩效主义的公司，桥本还会经常被公司领导呵斥："没做到指标不许回公司"、"把工资退回来，你这工资强盗"。这或许也为桥本日后接受稻盛经营思想、告别绩效主义埋下了伏笔。

桥本对于唯绩效主义公司的描述，让我联想到当今中国那些在大城市漂泊、辛苦打工的年轻人的经历。试问在这样的企业中，员工们到底有什么真正的工作动力呢？只不过混口饭吃罢了！这种物质刺激的方式到底又能够支撑公司多久呢？

就这样辛苦的努力工作，桥本用了两年的时间，终于把业务熟悉下来了。然而到了桥本工作第五年的年头，一直关照桥本的一位上司和老员工相继去世。这对桥本的震动很大，他开始思索工作的意义在哪里的问题。面对冰冷逝去前辈的身躯，他想到了自己的未来。自那时起，他开始思考，公司到底是为了什么？又是为了谁而存在？

天上掉下个林妹妹

或许上天对于桥本的前期考验已经完成，他在奉行绩效主义企业中的打工的痛苦体验也到了尽头，也就是说，桥本未来作为企业经营者接受稻盛经营思想的精神准备也已完成，于是好运如梦一般地降临到桥本的身上。这确实是一场人生好戏，就在桥本开始思考未来人生的时候，他的人生大门实际上才真正开启。

在桥本进入公司的第六年，也就是 2002 年的一个周末，他与所在公司两位老员工工作完一起出去吃饭。三人原本打算去一家经常去的门店，但因其中一位曾在那家店吃得有些不愉快，想换一家。另一人就建议道："我知道附近有一家，前几天去过。就去那儿吧。"于是一行三人就去了那家店。

刚一落座，桥本的手机就响了起来。打来电话的是他们公司的另一位老员工，对方说："我现在和 DRUG MIYUKI 的董事长在一起，不知不觉聊到了你。董事长说找个机会想见见你！"

或许是因桥本这位年轻人六年以来在公司没日没夜拼命努力工作给周边人的良好印象开始发酵的结果吧！桥本的好运终于来了。这其实也验证了稻盛经营哲学思想的一个重要原理——只要努力了，好的结果就会自然而来，不需要刻意强求。实际上，当努力的结果终于来临时，那是滚滚而来，想挡都挡不住！正所谓天道酬勤嘛！

桥本当时有些诧异：在业界颇有名气的 DRUG MIYUKI 药品批发销售公司的董事长松吉宏先生竟然想见自己这个名不见经传、做药品销售的小卒子？正在其诧异之时，对面的卫生间传来了冲水声，随后桥本看见刚给自己打电话的那位老员工拿着手机从里面走了出来。四目相视，双方都很吃惊。

对方吃惊地说："你也在呀?! 过来过来！"桥本被带到不远处的一个桌子，第一次见到了 DRUG MIYUKI 的董事长松吉宏先生。松吉宏先生也很吃惊："刚说想见你来着，这么快就见到了呀！"

松吉宏先生也是自己创业，从销售员开始一步一步把公司做起来的。他特别相信自己的直觉和人的运气，相信人与人之间的缘分。松吉宏先生说："真的不是迷信，想见的人就近在眼前，这可真的不一般！"就连桥本本人在发表中也认为：这次偶遇就是命运的安排！

接下来，松吉宏先生单刀直入爽快地说："什么时候跟我女儿见一面吧！"然后通过自由恋爱，桥本与松吉宏先生的女儿结婚了。桥本特别强调他与妻子是通过自由恋爱结婚的，不属于包办婚姻。

当然幸运还不仅仅如此。机会从天上这么一掉下来，桥本的角色也就开始从上班族向经营者转变了：30 岁的桥本告别了工作 7 年半的唯绩效主义的公司，进入了松吉宏先生的 DRUG MIYUKI 企业。这就引出了一段关于凤凰男如何学习使用稻盛经营思想、经营企业的故事。

实话实说，松吉宏先生当时在餐厅听到关于桥本努力工作的介绍之后，到底是出于希望找一个好女婿的目的，还是想寻找一位努力工作的后继经营者的目的想见桥本的呢？还是两者皆有呢？我们就不得而知了。

得来全不费工夫

进入 DRUG MIYUKI 之后，桥本并非一下子就去当经营者，而是作为药剂师先到各个门店学习业务，当时药剂师人手缺乏。这实际上也为桥本未来改革企业经营做了基础准备工作，他大学所学的也派上了用场。做了两年药剂师工作后，桥本被松吉宏先生告之："回本部来，学学经营之道吧。"由此可见，松吉宏先生心中早就有周全考虑。

也就在这时，松吉宏先生顺便说了一句："熊本有这么个地方，你感兴趣的话就去看看。"说着他便把关于盛和塾的宣传材料递给了桥本。桥本就是这样与稻盛思想结缘，可谓"得来全不费工夫"。

从此桥本就开始系统地学习稻盛经营思想和企业经营之道了，正如桥本自己所说，从盛和塾学习到了经营企业的全副装备。

发现企业的问题

拥有了经营思想和经营意识后，桥本先生就能发现企业存在的经营问题了。他发现 DRUG MIYUKI 存在着许多企业都有的一种通病。其实也是企业管理模式所导致的一种通病。他发现：公司的一大特征，是创始人、也就是董事长拥有强大的个人魅力，整个公司就是靠董事长一个人维系起来的。员工们工作时不是考虑"对公司而言，怎么做最有利，怎样做是正确的"，而是以董事长的判断为标准。"做什么会挨批？""怎样准备，董事长就不会生气？"多年来，这些已经成为员工们默认的工作准则。

他还发现：董事长松吉宏先生会对药品价格谈判一类的事情直接作出指示，对于没有直接指示的事情就没有人管。关于这一点，我想给大家展开讲一下，那就是：管理模式属于管理最大化＋经营最小化的企业只有一个经营者，也就是企业老板自己对经营与定价负责。但是企业内部管理，无论多么严格，都会有管理真空和灰色地带。

其实这里面还涉及另外一个问题——在企业初创阶段、规模比较小时，管理都属于一种扁平、直接结构，企业老板都是使用一种原生态的、直接的、事必躬亲的全业务链管控方式经营企业。然而当企业规模做大后，企业已经发展成了一种间接结构，企业老板不可能一切都事必躬亲，但是企业老板往往还习惯于过去那种事必躬亲、一扎到底的管控方式，根本未意识到企业间接结构的现实，因此不可避免地就会出现企业的管理真空地带。就像桥本讲的那样，凡是董事长直接作出指示的就会有人去做，没有直接指示的事情就没有人管。

因此桥本认为，DRUG MIYUKI 公司有许多方面需要进行改革，而他能够进行改革的唯一武器就是他从盛和塾所学到的东西，桥本决定要一点一点地把他在盛和塾学习到的东西使用出来。

改革从消减费用开始

大家知道，企业发展之后，往往会变得臃肿、僵化、官僚，并带来一系列的成本高、争夺预算、争夺公司内部资源等问题，甚至还会发生办公室政治、企业内部帮派山头利益之争——为了反对而反对。因此，从消减费用开始、从费用最小化入手往往是一种非常行之有效的方法。本人曾特意向京瓷无锡化学的宋永成总经理咨询并讨论过相关问题。

桥本在消减费用方面进行了一系列的企业改革，最值得一提就是如何解决大量过期药品的问题。过期药品之所以那么多，一个非常重要的原因就是进货时大部分都是大包装。其实这都是一种规模经营和管理模式的思维方式。它假设所购商品全都可以批发出去，是一种只看成本控制不看经营效果的思维方式，实际上就是一种与市场经营完全脱钩、割裂的管理思维。

尽管桥本一再告诫：卖不动的药品小包装进货即可，然而由于负责进货的员工担心因小包装价格较高恐怕而激怒董事长，一直无视桥本的要求。这其实也是分工管理的弊端之一——只对成本负责不对经营负责，药品卖不出去不是进货人的责任。经营机制完全被割裂。考核指标就是这么定的，员工不需要对经营负责，也不需要有经营意识。

结果是大包装再便宜的进价也抵不过药品滞销所带来的损失。在这里，桥本所使用的就是从盛和塾学到的"现买现卖原则"（*注：本人称之为距离需求点距离最小化原则，实际上与日本企业所发明的JIT——just in time 的概念一致*）。为了彻底解决这个问题，桥本把各个门店的过期药品全部集中到总部，目的是让人们看一看公司浪费的现状到底是什么样子。

公司相关人员看到之后吓坏了："这要是让董事长看到就别想活

了！赶快扔掉！"其实这就是管理模式的一种典型弊病——把问题掩盖起来，不要让企业的高层知道。然而经营之道的解决方式恰恰也是在这里——把问题暴露出来，让问题浮出水面，把问题拿到桌面上来解决。

也就是说，信息透明其实是解决企业弊端的一个最有效的手段。我一直认为：对于信息透明化的态度实际上就是某人在企业中灰色利益得失点的态度。凡是有见不得光的地方必有私利隐藏。这是一定的。反过来就是"无私见真"、无欲则刚。

董事长松吉宏先生看到堆积如山的过期药品后，勃然大怒，并责成桥本迅速解决这个问题。于是解决过期药品、解决采购问题的内部阻力也就随之消失。一套系统化、IT 化解决货品管理的系统也就畅通无阻地被成功引进。

这里面也涉及本人与宋总讨论过的一个话题——一定要让问题暴露出来。用宋总的话说，那就是要把问题都摆到桌面上来解决，而不是把问题都藏在桌子底下，也不是只有问题当事人或者矛盾双方叽叽咕咕在桌子底下解决问题就完事了。要让问题暴露在更多人的眼前，暴露在公司的内部舆论面前。

当然，解决过期药品问题，其实只是桥本从消减费用开始入手所进行的一系列公司改革中的一项而已。仅把注意力局限于消减费用的改革其实还是不够的。形象地说，战斗的最终解决还必须回到如何提升销售额的问题上来。如果销售额长期停滞不前的话，就桥本的具体情况而言，董事长的挫折感也会达到极限，早晚会爆发出来。如果销售额总是提升不上来的话，那么整个企业团队实际上都会有挫折感，仅仅依靠精神食粮的鼓励是不够的。其实这也是《经营十二条》第五条"销售额最大化，费用最小化"的要求。

如何领导那些业务小能人们

其实这是一个很普遍、平常的问题。企业在走向所谓"成功"之前一般都会遇到这样的问题。也就是在企业机体比较弱的时候，在既无资金、也无技术的情况下，企业只能使用相对技能低一些的人员，因此对于一些好不容易找到的业务小能人就一味迁就。这个问题其实也有不知道如何经营人心的原因，对于人员的价值判断也一定是向技术能力方面倾斜的，所以企业被小能人们拿一把的情况往往在所难免。这其实就是一种弱主强仆的状况。

此次发表的几个塾生都谈到了这个问题，这个问题其实是所有中小企业家创业时必须面对的问题。桥本所面对的是比较短缺的药剂师人才的管理问题。桥本以前一直比较怕他们辞职，该批评的话不敢说出口，畏首畏尾反而助长了这些人不服管的气焰，就像娇惯出不了好孩子一样。不敢管理这些小能人，实际上就是有所求，怕失去这些人、失去利益。

对于稀缺人才的这种顾忌，我曾经有过这样一个比喻：本想杀一儆百却不敢去做，为什么呢？因为人才稀缺到只有一个的程度，一杀就没了。

作为企业的经营管理者，桥本明白了只有敢说敢做、奖惩分明，才能与员工建立深厚的信赖关系。之后，每当药房出现问题时，桥本都会抱着"小善似大恶，大善似无情"的信念坚决地解决问题。

这样的话，虽然也会有人辞职，然而几年坚持下来，桥本手下药剂师队伍的整体素质却得到了很大提高。其实就是这样，无欲则刚。当你把利益所求之心放下来，就会冲淡稀缺人才那种感觉自我稀缺的意识，他们反而会主动地融入到团队中来。有时候凉一凉反而是好事。那些与企业所倡导的价值观不合拍的人，走也就走了。其实这样的人早晚会走，早走要比晚走好，除非他们能够改变价值观。

　　我们所说的关注人，如何处理员工与团队之间的关系包括处理好与小能人们的关系，属于企业经营从此岸思维到彼岸思维所必须发生的一种飞跃，这是领导力成长必须跨越的一个断层。其实所谓能人往往都是外来的，稳定性比较差，而依靠企业自我体系培养出来的人才才是最稳定的。

文科男经历的人生考验

——试析盛和塾<札幌>和田一仁先生的发表

和田先生的企业是做阀门维修生意的，属于城市基础设施的行业。他发表的题目是"塾长的教导和人生的考验改变了我和公司"。

关于"人生的考验"，和田说一共有四次。这四次都是在他接触学习了稻盛思想后的人生考验。然而在其接触稻盛思想之前，他还有过一次生死大难的考验。那次考验，借用佛家思想讲，荡清了和田身上原有的许多业债，从而使其能够反省人生的意义，进而才有机会和缘分接触到稻盛经营思想。正所谓"不经风雨怎么见彩虹"，"没有人能随随便便成功"。其实也不是谁都有机缘、随随便便就能接触学习稻盛经营思想的，往往之前会有人生的空杯之举。所谓"人生的考验"其实也是一种人生命运的安排，是人生改运的一种全局安排。只不过是有人相信、有人不信而已。

和田谈到的"人生的考验"，也是我参加盛和塾第21届世界大会感触非常深刻的一点。所有发表的塾生谈论的主题都是关于自我人生转变的——通过改变价值观而改变命运，既包括学习稻盛思想之后如何转变企业家自己的价值观与人生命运，也包括转变后的企业家带动企业团队发生改变，进而又引发企业经营思路与员工努力工作的态度发生转变，最后自然而然带来了企业经营与业绩方面的提升与发展。换句话说，在企业家们的发表中，根本就没有人谈论阿米巴及其相关内容，即使有人提到阿米巴这个词，也是一带而过。

然而中国企业家们在学习稻盛思想时，却总是张嘴阿米巴、闭口阿米巴，好像不提阿米巴就活不了似的。这些企业家其实可能连真正的阿米巴经营究竟应该是什么样、不该是什么样的基本问题都还没有搞清楚，就已陷入到了自己所设想的那个梦幻中的阿米巴。

幼年埋下经营恐惧症

和田先生属于典型的二代经营者，在其年少时就已经领略到了父母经营的艰辛，因此自少年起他就已经患有一种经营恐惧症。他关于经营的偏见与我们前文介绍过的南部关于经营的偏见却不完全一样。

南部原本是憎恨经营者的，认为经营者都是"恶魔的亲戚"。和田则与之相反，持另一种偏见——他憎恨的是企业员工。他从小就看到父母为商量企业经营人手不足和员工管理等经营问题到半夜却仍得不到员工们的理解，因此在其幼小的心里对企业员工产生这样一个深刻的印象：是一帮信不得、靠不住的家伙。这是和田从小就得出的结论。

和田的这种思想是一种非常典型的 X 理论的思维模式。因为在其脑子里有这种打下深深烙印的原生态思维，所以日后每一次企业遭遇经营挫折时，都会不由地爆发出一种愤愤不平的怨气，这其实都与和他幼时形成的经营恐惧症有关：我都这么付出了、这么努力工作了，你们这些人怎么还是不买账？于是怨恨之心油然而生。这种事事怨恨之心其实就是佛家所讲"贪嗔痴"中的"嗔"，也就现代心理学 ABC 法则所揭示出来的那种负向思维导向的后果。

被设计的人生

前文我们分析过理工男南部、凤凰男桥本成为经营者的成长经历，我们现在所分析的和田先生的经营人生则属于文科男的经营经历。因为和田所经营的企业属于阀门维修行业，工科属性比较强，所以和田通过后天努力弥补了其作为文科男在经营实践、实际落地方面的先天不足。

因幼年起就看到了父母经营的艰辛，所以大学时的和田原本想走上班族这条路，并不想涉足经营。可有次和田参加某上市公司的准员工研修会，对"上班30年后能够拿到多少退休金"的话题感到无聊和空虚，于是就抱着"自己的未来宁做鸡头不做凤尾"的想法，向父亲提出了想继承公司的愿望，然而却遭到了父亲的拒绝。

和田的父亲早看透了和田爱慕虚荣、好面子的心态，并非想把经营做好，才拒绝了儿子的要求。不过他还是开始着手规划儿子未来的人生——先让和田到一家上市的阀门厂学习，于是文科出身的和田每天开始拿着图纸与各种机械奋战，弄得自己满身油。可喜的是，和田最后终于掌握了维修技术，使得他克服了文科男的弱点——缺乏技术思维、易空想，不务实、不够脚踏实地。其实这一切都是按照和田父亲的精心安排发生的。

和田父亲想必与那个阀门厂的社长是很好的朋友，至少应有业务上的往来。他父亲原本打算让儿子在朋友的阀门厂学习5年。不过和田学了2年后，就掌握了维修技术。阀门厂的那位社长就劝和田："你还是早点回去帮你父亲吧。"就这样和田回到了父亲位于北海道的公司。

和田工作过的那个阀门厂是家上市公司，有700多人的规模，和田父亲的公司却只有5个人，几乎一无所有，就连个复印机都没有。看到这种情形，和田那愤恨不平的心马上就冒出来了。借用他的话，他当时完全是一种"缺什么就想什么的心态"。这就是和田进入父亲公司初始时的经营状态。

面对这样的公司现状，他又能够做些什么呢？该怎么办？似乎没什么可依靠的，能靠的唯有自己所学的手艺和拼命地努力工作。于是和田一方面亲自下现场做技术工作，另一方面又兼做销售。他经常是脱下工作服后，换上车里挂着的西服就直接去拜访客户。一个指甲缝黑乎乎的人穿着西装去拜访客人，总让人感觉是维修工来做销售，这往往会让客户看轻而不易达到销售的目的，因此和田最初的努力并未带来好的效果。

这个阶段一直是和田一个人在"唱独角戏"，彰显自己的技术本领；而他父亲手下原有的那些员工都只是在耐心地"看戏"，直到看不下去选择辞职而去。只有自己一人在那里忙得团团转，用和田的话讲："我感觉自己越努力，父亲建立的人心就越涣散，我就越来越怨恨。为什么我都这么努力了，你们却不服我。"

这时的和田又变得像童年那样憎恨员工："公司不能按我想象的发展都是员工的错，都是当社长的父亲的错。"和田甚至开始怨恨给了自己工作的父亲。不过他后来意识到，当时自己所起的作用就是在否定父亲一手创办的公司。

和田给我们展现了二代企业家接班时的一种通病，急于证明自己的能力却适得其反。根据吉姆·柯林斯五级领导力的原理，任何彰显自我能力的领导力都属于最初级的领导力——一级领导力，甚至还不够称作真正的领导力。真正的领导力是要能引领团队、拥有追随者，能带领追随者发挥出团队效应，而不是"唱独角戏"去彰显自我能力。这是领导力的一个基本原理。

和田先生进入父亲企业的最初动机完全是利己的，是以彰显自己为目标开始企业经营的。这本无可厚非，所有的企业家都是这样开始自己事业的。办企业的初始动力一定是利己的。稻盛先生创办京瓷起初也是如此。只不过要看谁能较早地发生经营思维的转变，即谁能发生思维方式过河。稻盛先生在与8位年轻人进行三天三夜谈判时就明白了做企业不是为自己的道理，其他企业家可能做了一辈子企业都未明白这个道理。

告诉大家，真正领导力的逻辑是属于团队逻辑，而不是属于个人逻辑。无论个人能力多强，都是一种个人、个体逻辑；而领导力逻辑所展现出的一定是一种带领团队一起向前努力、向上提升的逻辑。如果团队其他成员只是看客、观众，只有经营者一人忙得团团转，那么这样的经营者就不是点燃团队的真正经营者。抑或说他的经营仅是为了他自己，与团队其他成员的幸福无关。这种经营者即使可以成为经营者，也不可能成为真正的团队领导者。因为他不具备真正领导者应该具有的领导力。领导力不是命令而是引领追随者。

我在《阿米巴不是什么》一书中曾讲过：只有企业老板自己忙活的企业一定属于管理模式的思维——"管理最大化 + 经营最小化"的模式。"经营最小化"的含义是说企业只有一个经营者，那就是企业老板自己。这样一个人忙活的企业一定是一种被动结构的企业，企业员工绝对不会积极主动工作。和田唱"独角戏"就是属于这种情况。"经营最小化"的另外一个表现就是经营利益的隐性属性，隐含着一切经营实际上都是为了企业老板自己私利的目的或者所谓的为了股东利益。这种隐性的经营目的往往是上不了台面的，是不能拿出来与全体员工共享的，他们甚至都不愿意拿出来公开讨论。这种隐晦的、不能够公开的经营目的，一定不能点燃起企业员工们的工作积极性。因此企业就只能够是一种被动结构。

坦率地讲，得不到员工认可的企业经营目的或企业经营理念一定推行不下去，就如同得不到父母祝福的婚姻，最终是不会幸福的。要想得到员工们支持和幸福快乐的经营目标——经营最小化——其实也不容易实现。

当时的和田还不明白经营员工人心的道理，在怨恨员工的同时仍希望凭借个人的努力改变公司的经营现状。他打着消除压力的名义，在北海道为期半年的高尔夫季节里打 70 场球，一个晚上参加三四次聚会。把这种寻欢作乐当作工作。终于有一天，连上天都看不过去了。在一次打高尔夫球时和田突然感觉到一阵胸口憋闷。医生的诊断让其感觉好像被判了死刑：需要马上做心脏搭桥手术，否则恐怕连年都过不了。

这就是我所说的和田先生四次考验之前的那个生死大难。心脏搭桥手术进行了 7 个半小时，让和田体验到一种濒死的感觉，生命徘徊于生死之间。和田感觉是 6 岁儿子的心念把自己重新拉回这个世界。

机缘似乎来了。还是在手术之前，和田就购买了许多书籍，包括哲学书、历史书还有经营书。他希望自己能够在手术成功之后阅读。然后，鬼使神差一般，和田术后恢复期间首先拿起来阅读的就是稻盛先生的《实践经营问答》。和田惭愧地说，在此之前他根本不知道稻盛和夫。这其实也是我感觉惭愧的地方，在白立新博士 2009 年 12 月向我推荐之前，我也是孤陋寡闻的。

和田说，一直有一股神奇的力量和声音告诉他：一定要先读一读这本书。读着《实践经营问答》，和田感觉稻盛先生所说的每一个问题好像都是在针对他讲，每一个问题都能够触及他内心深处。

和田之所以接触稻盛先生的著作后能发自真心地读进去，较之从前那个只知因个人得失就怨恨他人、唱"独角戏"的自己，如若不是经历一次生死大难洗礼的话，是绝无可能轻易如此。经历过生死考验往往是许多人心灵成长的关键。在生死面前，人们再放不下的那些利益也都得放下。再多的金钱、再高的地位也都是生不带来死不带去的。

和田所经历的这次心脏搭桥手术是他人生非常重要的一次人生转折——满身业障的和田已经脱身死去，一个崭新的和田回到了人间。如此才成就了和田接触上稻盛经营思想的机缘。这是和田人生从利己的"前传时代"向学习稻盛经营思想后的利他"正传时代"的一个转折点。

让负面事件产生正向价值

或许有人会说我所讲的这些因果逻辑都属于一种心理作用。但它恰恰就是心理学著名的 ABC 法则给我们所揭示出来的规律。

大家如若忽略这种心理作用，往往就会产生一种悲观的人生态度，进而带来非常负面的发展结果；大家如若能承认并意识到这种心理作用的积极意义的话，通过适当的心理调整或者心性修炼（提高心性），即便那些表面看似负面的事件也可能会对人生的成长产生一种正向的积极作用。并最终给人生带来积极正面的结果。这些道理应都属于积极心理学的范畴。

稻盛先生正向经营人心的许多方法与积极心理学原理都是暗合的。我一直认为，学习一些西方心理学、社会学、伦理学还有行为学、组织学、领导学原理，对于学习稻盛经营思想是可以起到铺设台阶的作用，可以使学习稻盛经营思想步入更加理性的阶段和方式。理性学习的方式才能使学习稻盛思想更加持久与实际，而不是刮三两年风、时髦一下就过去了。给学习稻盛思想铺设台阶本身也属于阿米巴经营划大为小的方法。传播稻盛思想按照阿米巴经营的套路来，可以降低传播的难度。

让我们把话题还是再回到和田的发表吧。还在医院病床上的和田从《致知》杂志上得知稻盛塾长演讲公开发行的 CD 光盘，于是就购买了一套。之后躺在病床上的和田是醒着听、睡着也听。然后他明白了自己此前经营公司的问题所在，似乎也领悟到了自己得这场病的原因。还躺在病床上的和田申请加入了盛和塾。

当和田日后与稻盛塾长谈及他心脏搭桥的事情时，稻盛塾长是这样对和田说的："这是一件好事，你以前的罪孽都在这一场大病中洗清了。"稻盛塾长是按照佛家思维进行评论的。在《阿米巴不是什么》一书中我就给读者指出过稻盛经营思想的四大思想源泉。这里就体现出其中的佛家修炼逻辑。

我们接下来将有序展开和田所说的四次考验。它所揭示出来的是一条不断经历考验的成长道路。潜台词就是：大家学习稻盛经营思想之后不可能就什么磨难都没有了，就都一帆风顺了。成长路上往往要摔跟头，才能学会成长。这正是"让负面事件产生正向价值"原理的一种表现：人越摔跟头，心胸就会越坚强和宽广，学习能力也会随之增强，变得越来越强大。拒绝摔跟头就是拒绝学习提高。

这其实就是学习的逻辑、提升的逻辑，就是通过磨难而成长的逻辑，让每一次负面事件都能够产生出来正面的价值。这是善于学习和反省的人才能做到的，绝不是那种一蹉跎就消沉的人所能做到的。

学习稻盛经营思想、培养经营意识就是这样一种学习模式。在这种学习模式中，通过失败或者磨难而学到的东西往往比一上来就成功而学到的东西要多得多。人生的成长更是如此，逆境磨难更利于人生成长。这里面实际上包含着一种危机困局能够激发需求的原理。一般而言，善于激励团队奋进的人往往就是能够让团队产生危机意识的人——让危机意识先于危机的到来。

我们说，人生磨难经历能够转变成为一种正向成长往往是通过这个人的自我反省实现的。稻盛经营哲学的许多条目都是教人如何进行反省。通过反省，具有磨难意义的负向事件或者错误反过来会产生更大的正向提升价值。这就是通过反省而学习的意义，让负面事情产生正面价值。这其实就是善于学习的人所遵循的逻辑。这个原理与弹簧原理相同，当事人所经历的人生必须在弹性限度之内。

和田所经历的第一个考验是关于如何经营员工的。这个磨难主要冲着和田自幼埋下的那个"企业员工就是一帮信不得、靠不住的家伙"的认识而来。就在和田表面上好像已接受了稻盛经营思想后，却发生了员工一个接一个辞职的事情，于是和田的怨恨之心又重新写在了脸上。毕竟有过盛和塾的学习，使得和田能认识到这是自己的问题，自己还不够成熟，应该更珍惜留下来的员工而不是抱怨那些离开的员工，应该把公司打造成为一个更加具有吸引力的地方。

和田经历的第二个考验则是关于经营业绩的，因客户未按时支付工程款，于是公司经营陷入了财务赤字。通过这次考验，和田把公司资本金比例从 8% 的水平提高到 30%～40% 的水平，使公司之后的融资也变得容易了。这一条实际上符合"水库原理"，降低企业"靠天吃饭"、靠外人吃饭、靠外部政策吃饭的程度。

第一考验与第二考验实际上也是"经营事"与"经营人"两条线的问题。就一般规律而言，往往是"经营事"的考验先发生，紧随其后则是"经营人"的考验。第一个发表的井上先生就是如此。因为和田与企业员工的纠结之心实在太强烈、太偏激了，所以在和田的身上，"经营人"的考验就先发生了。另外，和田先生属于文科男，"经营人"的考验先发生也是有道理的。

和田的第三次考验来得更猛，在工作现场发生了员工的死亡事故，虽然警方调查结果证明责任与他的公司无关，但是和田还是通过真诚处理赢得了事故受害人家属的理解与员工们的人心。通过反思建立起一整套"以安全为先"的企业安全制度。建立完整制度并不是文科男的擅长，因此这次事故才会来得这样猛烈，达到了生死的程度。

和田的第四次考验似乎又回到了原点，又回到了他的身体健康方面。他忽然被诊断出患有脑底动脉瘤，于是和田又开始绝望了，怨恨之火又开始燃烧了。不过他很快就在内心接受了这个现实，然后和田又幸运地被医院告知，不必进行手术。

然而和田还是不由地联想到："我离开这个世界的时候还能留下什么？我的员工和公司会变得怎样？"实际上，和田是对自己生命的意义到底是什么产生了疑问。

就在经受这次考验的时候，稻盛塾长给和田做了明确的解答："只要社会的基础设施还在，维修这个工作就能永远做下去。提供维修的是员工，而培育人品好的员工则是你的工作。让员工对自己普通的工作感到自豪，带领他们前进是你的使命。"稻盛塾长的回答终于使和田不再感到迷茫。

我在《阿米巴不是什么》一书中有相似的阐述，不妨在这里提一下，那就是：企业经营员工，员工经营客户（产品与市场）。这里说的"企业经营员工"中的"企业"指的往往就是企业老板与高层。若再换一种说法，就是：企业经营员工满意度，员工经营客户满意度。这与稻盛塾长上面的回答所表述的其实是同一个道理。"提供维修的是员工"这就是"员工经营客户"。"带领他们前进是你的使命"与"培育人品好的员工则是你的工作"这就是"企业经营员工"。

稻盛塾长的教导实际上还渗透着高级领导力的法则。"带领他们前进是你的使命"是"领导力"一词中"领"的含义；"培育人品好的员工则是你的工作"这句话则是"领导力"一词中"导"的含义。我一直讲，稻盛思想属于一种领导力思想，稻盛先生本人也是成功领导力的典范。我这么说是有事实与理论根据的。我一直想写一本关于《稻盛思想与领导力》的书。希望日后能够如愿。

明确了自己与企业存在的意义之后，和田人生的动力再次被点燃，不再把业务仅局限于北海道。无论何时何地只要看到有烟囱的地方，和田就会跑过去做销售。销售遍及整个日本乃至世界。在韩国、菲律宾、土耳其、秘鲁、亚美尼亚、阿曼等国家，在俄罗斯萨哈林、中国大陆等地区都活跃着和田公司员工的身影，他们过硬的技术也赢得了人们的好评。和田的经营能力与带领团队的热情在经历生命危机考验之后终于迸发出来了。和田带领自己的团队把市场服务开拓到世界多个国家和地区。

我希望通过分析和田先生的发表使大家明白这样一个道理：人的成长往往是要经历一系列磨难、考验才能实现。需要通过反思、反省负面事件而获得正向价值的提升。这是善于学习的人所遵循的逻辑，通过总结失败而走向成功。这是一种由内在动力所引领的成长方式。然而在管理框架模式下，负面事件只能产生负面的作用。对于负面事件简单的惩处只会冷了员工们的工作热情、寒了大家的心，浇灭了原本残留在员工心里的主动性。换句话讲，不会学习的人往往不能正确对待错误。

在经营人心方面频频出招

我们说，经营人心属于彼岸思维。作为文科男出身的经营者，和田在这方面实际上还是有优势的。一旦他的经营意识开悟了、明白了企业要经营员工的意义后，那么和田作为文科男善于琢磨人心的优势就会爆发出来。我认为和田的招数是非常重要，很值得中国企业家们学习。我个人感觉它与稻盛经营哲学落地七件事（注：我是在2011年5月31日与崛口先生交流时第一次听说这七件事。崛口先生当时是为接待盛和塾第19届世界大会中国代表团特意到北京进行交流的。）一样有学习的必要性。

和田的招数主要包括：

（1）公司每年都举行全员参加的经营计划发布会，以便于员工了解稻盛哲学；

（2）举行联谊会；

（3）公司每月会通过员工之间互相发现优点，并颁布"最受赞扬奖"；

（4）在每月刊行的公司报纸刊载每月的"最受赞扬奖"名单，并通知员工家人；

（5）在公司员工家人生日的时候送上祝福与生日蛋糕。

关于公司的内部报刊或者期刊的应用，一直是中国企业比较薄弱的地方。即便一些中国企业有内部刊物，往往只是企业的一种形象工程而已：只是宣传企业老板，而没有让企业内刊成为点燃员工团队的手段。办刊的目的通常都是为了让员工了解企业和老板，而不是让企业和老板了解自己的团队和员工。和田关心和联络员工家人的做法是中国企业很少能够想到的。

（6）和田还要求公司员工全体出动去社区街道扫雪，以增强员工们对企业的荣誉感与自豪感；

（7）对于还未正式入职的新员工，公司每月都会举办社长塾，讲授稻盛哲学。目的是让新员工正式入职前就已开始培养他们的经营意识。这一点其实非常重要，以物质绩效考核为主导的企业通常不会这么做，他们大都以工作能力作为是否录用的标准，而不会有经营意识、经营哲学这样一个入职考察期；

（8）正式入职时，有一个非常正式的入职仪式。公司会邀请新员工们的父母一起参加入职仪式，并让员工亲自给母亲献上感谢的花束，然后邀请全家人一起参加联谊会。我认为这种入职仪式非常有创意，颇符合东方"家传统"的孝道思想。是约束现代中国年轻人没事就跳槽的一个好办法，让企业与员工父母之间建立一种情义联系。

这个做法也让我想起了"海底捞"老总张勇讲过的情况：通过亲朋好友介绍来海底捞的员工一般都比较稳定，不会轻易辞职离开；通过市场招聘而来的员工反而不太稳定，很难长期留下来。

（9）随着公司新员工，尤其是年轻人的增多（已超半数），为了促进他们的成长，提高每个人的人均附加价值，公司制定了独特的技术认定制度和培训体系。"独特"二字非常重要，这是留住企业人才的一种非常重要的手法。大多数中国企业都比较忽视这一点。他们只考核员工们的工作绩效，却不愿为员工技能提升而关注提供培训系统。当然也就不会知道"独特性"的意义所在了。

关注细节，比如注意到"独特"，是学习能力提高非常重要的一个方面。我们所说的专业化、职业精神也比较注重"关注细节"问题，然而大多数中国企业家的思维方式往往是跟着感觉走、不太关注细节，更不要说使用细节数字来衡量工作。考虑问题、做事情总是含含糊糊。

我认为和田这些激励员工经营意识的方法，都是经营企业的好方法。是中国企业家可以学到的。这些方法并非高难度，只要用心就能够想出来。希望在掌握了稻盛经营原理之后，中国企业家们能够发心去想去做，相信一定可以想出更多的激励员工人心的好方法。

认为不行的时候才是工作的开始

——试析盛和塾<福井>宇坪启一郎先生的发表

宇坪先生是做商务旅社业务的，也是一位二代经营者。大学毕业后他最初选择的是做上班族而不是接父母班，做经营者。他先是到东京一家综合商社上班。因为母亲不断地诉苦，做了三年上班族的宇坪才辞职回家。较之前文幸福的凤凰男——桥本先生奇迹般的经营经历，宇坪从踏入经营的一开始可以说就是一个十足的祸不单行的倒霉蛋儿。

祸不单行的危机

常言道"福不双至，祸不单行"。不同于桥本的"双福皆至——既抱得美人归，又成为了女婿经营者"，宇坪的经历却应验了祸不单行的说法。它给我们提供了另一类学习稻盛经营思想的典型案例。

刚刚介绍过的和田先生的发表，谈及了和田先生接触稻盛思想后经历过的四次人生考验。与之相比，宇坪经历的危机考验则是一波接着一波、一浪高过一浪，毫无喘息的机会。自经营之初就遭到当头一棒，随后则是一系列毫不停歇的危机。

就纸上谈兵而言，宇坪似乎开始就具有一定的经营头脑。起点好似高于他人。但是，纸上谈兵的经营意识若不经现实世界粉碎，不先空杯，真正的经营意识是无法扎扎实实地建立起来的；若不经历这一系列的磨难，宇坪是无法学会真正的经营之道的。只有真正地做了一位经营者才能够学到真正的经营之道，才能够理解在利益的刀尖上实践利他之心的艰难。这可不像单纯的研究学问那么简单。正如这次游学大家所听到的：经营是讲给经营者的，就是这个道理。

　　宇坪是通过一家公司老总的邀请而加入盛和塾的。这位老总就是盛和塾福井分校的发起人——安田先生。阅读了稻盛塾长的《活法》后，宇坪深受感动，申请加入了盛和塾。有别于其他塾生入塾的中场动作，加入盛和塾则属于宇坪的开场动作，这说明宇坪的头脑非常敏锐、还是挺厉害的，一下就能判断出什么是好东西。不过，一环环的考验还是接踵而至，就像设计好的连环计一样。

　　宇坪加入盛和塾不久后，福井县鲭江市（注：日本行政的县是一级行政区划）一家叫作"LAPAUSE KAWADA"的温泉旅馆的经营权对外招标，宇坪凭借个人智慧的结晶——优秀的企划方案打败了六家大企业投标的竞争者，最终赢得了这家温泉旅馆的经营权——被鲭江市任命负责"LAPAUSE KAWADA"的运营。可见宇坪纸上谈兵的经营思路还是有一套的。学经营管理出身的宇坪能够进入东京那家综合商社工作估计就应该有这方面的学历背景。宇坪的发表所反映出来的就是一位学院派经营者成为实战派经营者的故事。依据专业训练的判断，宇坪计划以商务旅馆为中心，通过辐射周边社区，然后建设一家集住宿、洗浴、餐饮等配套设施于一体的综合服务区域。

　　2006 年 4 月"LAPAUSE KAWADA"开始正式运营，骄傲自负的宇坪满心欢喜地以为自己的经营绝对不会发生任何问题。然而到了2006 年 5 月，旅馆运营刚刚一个月的时候，缺乏实战经验的宇坪就遭遇到了第一次食品中毒事件。好在食物中毒的客人比较善良，食物中毒事件并未捅到媒体，但是防疫站严格的卫生检查还是持续了整整一周，最后总算是通过了卫生检查。不过防疫站的工作人员还是警告宇坪："如果发现什么可疑的地方，你一定要第一时间通知我们。"

　　然而，这次食品中毒并未真正给骄傲自负的宇坪敲响经营意识的警钟，否则就不会再次发生食品中毒的事情。像宇坪这种初生牛犊的自满狂傲之心必须打下去，必须思想空杯。所有想自我创业经营的年轻人都必须经历这样一关，以消磨掉狂傲之气。

就在旅馆重新开业后的一周，半夜时分，宇坪的手机响了起来，被告知：旅馆 206 房间的客人吐得很厉害，正要送往医院。又一起食物中毒事件发生了。

宇坪赶到医院时，那位上了年纪的女士痛苦不堪、疼得满地打滚，不过她却十分通情达理，用尽力气跟宇坪说：自己年纪大了，没事。还劝宇坪回去。

宇坪呢？就侥幸地以为真的没事了，也就没有主动与防疫站联系。然而到了第二天早晨，员工打来电话说："防疫站来电话了。"宇坪得知后脸都给吓白了。防疫站人员质问道：你为什么不与我们联系？医院与我们联系了，我们现在就派人到你们那里做现场检查。

当宇坪到达旅馆时，厨房已经做好一个 50 人的外送团餐，防疫站的人员严肃地现场取样。他没有勇气放弃当天中午的营业额，就做了一个侥幸的决定——50 人的团餐照常进行，这就预示着一场更大规模的食品中毒的来临。前面我已说过：在利益的刀尖上实践利他之心是十分艰难的，不像单纯的研究学问那么简单。"提高心性，拓展经营"可不是一件容易的事情。经营只有讲给真正的经营者才有意义。

当天下午 4 点，50 人团体踏上归途后的一小时，旅馆前台的电话响个不停，一个接一个。三人中毒，五人中毒，最后整个 50 人中有 23 人食物中毒。

于是，防疫站责令宇坪的旅馆停业整顿。两小时之后，电视台、报纸的记者们已把"LAPAUSE KAWADA"旅馆围了个水泄不通，食物中毒事件就公之于众了。他们丢失了一个重要的东西——公众的信任，之后很长时间就再没有客人来"LAPAUSE KAWADA"旅馆了。

人生考验紧锣密鼓

接二连三地发生食物中毒事件，宇坪错误地以为自己是衰神附体。缺乏正确经营价值观的企业家一般都会这么想问题，认为自己实在是太倒霉了。然而，接受过稻盛经营思想的企业家却不会这么向外想问题，而是把其作为上帝安排的人生考验和经营意识考验，向内从自身找问题发生的原因——自己什么思想造成的。谦受益，满招损。宇坪要想成长，就必须先空杯，不能在自满之上再加水。

年轻人创业过程，头脑过热，不经历些挫折、不泼些凉水，并不一定是好事。即便一时成功，也保证不了未来能走得很远。

请各位读者注意一下这三次食物中毒事件发生的时间细节和规律——可能大家并未注意到这个问题。发生的时间细节特别能体现出宇坪的经营人生就像有意安排、系统设计过的特征。我们说，宇坪使用纸上谈兵的经营企划书打败了六家大企业的竞标者后，可谓信心满满，自以为是本领超凡的经营者。然而经营能力可不是一纸企划书就可以代表的，正所谓"是骡子是马那得拉出来溜溜"。

想要让宇坪发自真心的学习稻盛经营思想，就必须给其先来一个下马威，泼冷水——让他清醒清醒。"LAPAUSE KAWADA"旅馆开业1月后发生的第一次食品中毒事件就是第一瓢凉水，然而宇坪却未真正接受教训，并虚心听取防疫站的忠告。

旅馆重新开业一周后，第二瓢凉水——第二次食物中毒事件又发生了。不过宇坪依然抱着侥幸心理不想损失到手的经济利益，于是第二次食品中毒事件发生后的第二天，第三瓢凉水——更大规模的团体食品中毒事件又接踵而来。不信就泼不醒你这个宇坪。

大家注意：这个一月、一周、一日的时间节奏不是表现出一种非常明确的时间加速规律吗？难道这样的人生磨难还不能把宇坪浇清醒吗？聪明的宇坪还不能觉悟吗？他的智商不至于沦落到这种程度吧。

宇坪旅馆紧锣密鼓发生的食品中毒事件使我想起了我的一位阿姨几十年前给我讲过的一个故事：与宇坪经历十分相似。我至今还记忆深刻。大家听完后想必也会记忆深刻的。这位阿姨的一位女同学的第一任丈夫在婚后 30 年时过世的。于是她嫁给了第二任丈夫，谁知第二任丈夫在结婚 3 年后也去世了。她又嫁了第三位比自己年轻的丈夫，结果结婚 3 个月后第三任丈夫就去世了。这位阿姨的那位女同学就再也不敢嫁了。再嫁的话是不是就 3 周了?! 连蜜月都完不了。

人生的警钟似乎是按照十进制的规律在加速发生，警钟的层次一次次地提升，意在敲醒梦中人。宇坪的警钟是按照月周日的时间进制加速发生的，最后终于把他给敲醒。

食物中毒事件使宇坪旅馆臭名远扬，周边社区都知道了，客户们也不来了。宇坪那种过度的自信被现实世界彻底击碎，他不清醒都不行，甚至连给员工们鼓劲的力气都没有了。许多员工认为再在企业干下去，没有前途与未来，陆陆续续辞职离开。宇坪这时的思想意识绝对是空杯了。

解铃还须系铃人。宇坪当初是因母亲的诉苦才辞掉工作，回家整顿家业、做经营者的。在其信心遭受前所未有的打击时，还是因母亲的鼓励才得以挽救的。母亲是这样劝解他的："你不是想要变得强大吗？强大的人就应该比别人失败的次数多，必须要接受很多次失败，然后才能获得成功呀！"没有丝毫的指责或者埋怨。

对宇坪一向过度保护的母亲第一次对他说出的这样鼓励的话。这段教诲具有很高的领导力思维水准，对宇坪来讲确实起到了一锤定音、力挽狂澜的作用。

另外，还有一位员工的话也深深地激励了情绪失落的宇坪。当时有一位年长的员工看着抱怨辞职的员工已经走了，就走过来轻轻地抚着宇坪的肩膀说:"社长,要忍耐啊,要忍耐啊……我们这些留下来的人就只能靠着社长您了呀。"可见宇坪身上还是有一些本领让人佩服的。这番话使宇坪开始认真思考:至今为止,自己为员工们做过些什么?自己为妻子和孩子们做过些什么?

在遭遇了几瓢凉水之后,宇坪终于开始理性、认真、系统地学习稻盛经营思想,这也是我在和田先生的发表分析中给大家讲过的要把经历的负面事件向正向价值转化的道理。

认为不行的时候才是工作的开始

开始"在盛和塾认真学习",是宇坪发表全文中的一个独立的小标题,也是宇坪经营人生的转折点。关于宇坪学习稻盛思想的具体情况这里就不多讲了,我只想分析一下宇坪先生学习稻盛思想时的一些感悟点。

首先是"认为不行的时候才是工作的开始"的这一条。它其实也是宇坪本次发表的大标题,这句话出自于稻盛思想。它也是这次参加盛和塾第21届世界大会游学中我感到最为震撼的三句话之一。另外两句分别是和田山的发表标题"经营不是仅仅扩大公司规模",它是稻盛先生在一次塾长例会上讲给和田山的话;"把哲学转变为数字才是经营",它是我在参观京瓷公司稻盛楼景观,观看稻盛先生演讲视频时听到的一句话,这三句话都深刻揭示了经营本质,尤其是第三句话。

我之所以对第三句话印象最深刻,是因为,我一直认为,大多数中国企业家,只会在哲学层面谈哲学,数字层面说数字,而未认识到"将哲学转变成数字才叫作经营"的道理。所谓的经营之道,不能够让思维哲学与行为数字相分离。

关于"认为不行的时候才是工作的开始"的出处,我特别咨询了曹岫云老师，得知这是《京瓷哲学》第46条的内容。我认为这句话非常明确地表明了"能力"与"努力"之间的相互关系。曹岫云老师后来特意给我发来的稻盛先生关于这一条目所展开详细解释，也验证了我的这个判断。

熟悉稻盛经营思想的读者应该了解，稻盛经营思想属于一种努力主义。稻盛先生的成功方程式非常强调"努力"（注：或者用"激情"）的作用。稻盛思想之中的"努力"与我们常规管理思维之中所依赖的"能力"可以对应地看待。

判断业务目标是否可以达成，管理思维是基于"能力主义"作为判断基础，而稻盛经营思想则是基于在现有能力基础之上叠加"努力"或者叫作"努力值"来进行判断的。在稻盛经营思想中，"能力"变成了一种"将来时态"而再不是"过去时态"的东西。

然而在管理框架之下，在管理思维里面，我们所说的"能力"其实都是基于一种"过去时态"。比如找工作时投递的简历上所罗列的学历与工作经验实际上都是过去完成的人生业绩。留学期间写简历时就被明确告知，在描述自己过去各种经历或者成就的时候必须使用英文动词的过去式。这可以说是"能力过去式"的一个最典型的例子。在企业管理模式中的工资水平或者奖金水平其实也都是根据过去时的业绩来发放的。

稻盛经营思想的"努力主义"讲的则是一种"能力将来时"。我在公开讲座曾给出过这样一个公式，表明"努力"与"能力"之间的时态关系，那就是：

能力将来时 = 能力过去时 + 努力现在时

也就是，通过当下现在时态的努力（努力现在时），将既有的"能力过去时"提高到将来指定的一种状态上去（能力将来时），也就是与挑战未来高目标相匹配的状态上去。

只有明白了既有"能力过去时","努力"属于超过既有能力之外所叠加出来的那个被激发的额外能量部分,两者共同构成这个公式的"能力将来时"。才能理解"认为不行的时候才是工作的开始"这句话的真正含义。我们说的"理解"并不是表面的,而在原理机制深度上面的理解。

　　"认为不行的时候"其实就是"能力过去时"这一项已经达到极限了的一种状态,也就是能力的效力已经归零,已经再也开发不出来任何价值了;这时才真正轮到"努力现在时"这一项对于"能力将来时"的贡献,也就是在既有能力用尽的时候就唯有依靠努力了。其实这句话的涵义是说既有能力枯竭之后,通过"努力"而创造未来能力的工作,也就是塑造"能力将来时"的工作才真正刚刚的开始。

　　"不行的时候"到底是什么不行了呢?其实就是既有能力不行了,是"能力过去时"不行了;"工作的开始"又是什么开始了呢?其实就是努力的开始,就是"努力现在时"的开始。

　　宇坪为什么能够对"认为不行的时候才是工作的开始"这句话有那么深刻的认识呢?其实就是那紧锣密鼓的三次食物中毒事件给促成的。宇坪刚刚打败六家大企业竞争者时,完全属于是一种信心满满的状态,极度自信自己所具有的既有能力。这些能力无论是真还是假,都属于"能力过去时"的范畴。通过三次食物中毒事件,自满的"能力过去时"这一项给彻底摧毁、归零了,因此宇坪只能从真心努力的这个现在时入手了,已经没了自满的"能力过去时"的资本了。也正因如此,宇坪对于稻盛先生"认为不行的时候才是工作的开始"这句话的认识才极为深刻。这是必须的。

　　"认为不行的时候才是工作的开始"这句话还充分体现出稻盛经营思想"努力主义"的核心本质。在"能力"用尽时才真正体现出来"努力"的意义。许多人,当你问他是否努力工作时,他们往往会不加思考地回答"我已经努力了呀"。按照上面介绍的公式含义，这些人所谓的"努力"根本未达到"努力主义"的境界，没有达到"能力"用尽后的那种"努力"境界。只有当"能力"用尽的时候才是真正"努力"的开始。这种"努力"才算数，才具有挑战自我的意义。人们一般所谈论的努力，就连使用自己的"既有能力"都是有保留的，根本就谈不上挑战高目标、超过"既有能力"的那种"努力主义"意义上的"努力"。由此可见，"付出不亚于任何人的努力"可不是挂在嘴上说说那么简单。

真正的"努力"是什么？从稻盛先生"认为不行的时候才是工作的开始"这句话中，我们体会到，只有超越能力极限的状态那才叫作"努力"。然而真正有多少人会这样思考问题呢?! 许多人所谓的"努力"，往往连全部既有的"能力"都还未拿出来，只不过自己出了力就觉得是"努力"了。

其他有价值的思考

宇坪的发表中还有其他一些很有见地的认识，我将打破发表的原文顺序，择取一些重点加以说明。其一是关于"建立信任很难，打破信任一瞬间"的认识。宇坪对这一条的认识也是比较深刻的。三次食物中毒事件就是一瞬间的事情，"LAPAUSE KAWADA"旅馆在周围社区的信誉也在瞬间就被击垮了，电视台、报纸的负面报道满天飞。然而信誉的重新恢复却不是一两天的事情。"病来如山倒，病去如抽丝"也是这个道理。东西往下掉，是一瞬间的事情，然而往上提升可就费力气了。"提高心性，拓展经营"可真的不容易，正所谓"逆水行舟，不进则退"。

其二是"如何把从盛和塾学到的东西向企业团队做有效传播的事

情"。这一点对于正向企业内部传播稻盛经营思想的中国企业家们而言，也是非常有意义的。我在《阿米巴不是什么》一书讲过：中国企业家自己接受了稻盛经营思想之后采取"己所欲施于人"填鸭方法自上而下导入，甚至采用所有员工人手一本稻盛书籍的强迫学习方式是有弊端的，实际上非常无效。

宇坪起初也想把从盛和塾学到的稻盛经营思想一股脑讲给企业的所有员工听，却不知道怎么去讲。还好，宇坪明智地意识到了这个问题。不过绝大部分中国企业家却根本还未意识到这个问题，还习惯使用管理思维的那些老套路，居高临下发号施令地讲；或者连讲都不讲，自上向下发个文件完事。以为事情就像孙悟空吹口仙气一样简单，企业一夜之间就会自己从被动式的管理结构转变成为主动式的经营结构了。怎么可能呢？

宇坪在一次盛和塾活动后，向一位企业家前辈请教了这个问题，那位前辈告诉他："让大家一块听你说，不可能一下子就做到，所以我建议你找个关系最好的人，先讲给他听听，怎么样？"这个方法非常有效，各个击破。

稻盛先在开展任何新业务、新项目时也是这样做的——先找那些认同性高、乐观的人交流沟通，而不是把乐观的人和悲观的人叫到一起。这种避免大锅饭的宣讲沟通方式，与阿米巴经营划人为小的机制本质上是一脉相承的。

借用兵家的逻辑，向企业内部传播稻盛经营思想就如同两大阵营对垒，一个阵营在此岸，坚守自上而下管理思维的阵营；另一个阵营在彼岸，认同稻盛经营思想的阵营。最开始向企业内部导入稻盛经营思想时，彼岸阵营只有认同稻盛思想的企业老板自己而已。若采取全面向此岸开战的方式，一定会打败仗的。

究竟该怎么做呢？企业老板站在彼岸就应采取各个击破的方式，

一个一个把此岸阵营中的人心俘虏争取到彼岸思维阵营中去，逐渐的改变两岸阵营的力量对比，而不是匆匆全面开战思想。

然而绝大多数中国企业家却根本意识不到这种问题。我在《阿米巴不是什么》一书中提到：学习稻盛思想是筛子而不是幌子。只有当筛子，才会一网一网地把企业人心从此岸思维网到彼岸思维上去。作为筛子要一网一网地运作，要寻找目标人群各个击破而不是全面开战。

读者应该熟悉稻盛先生按照燃烧类型所划分的三种人——自燃型、可燃型与不燃型。稻盛先生对于这三种人各有不同的妙用，让各自都发挥价值。这个例子我在公开讲座上，经常讲给企业家们。天生"自燃型"的人往往是企业老板自己。即便是在我们说的那种"经营最小化"的状态——企业管理框架之下，企业至少有一个经营者，即企业老板自己。这个唯一的企业经营者是会主动点燃自己工作的。然而在老板之外的企业团队中，就可以用"可燃型"与"不燃型"或者"乐观型"与"悲观型"来划分企业员工了。

每当开展某种新事业的时候，稻盛先生一般总是有意先找那些乐观型也就是可燃型的员工进行交流，有意让乐观的情绪充满团队。而那些持悲观论调者，稻盛先生一般先凉着他们，不让他们的舆论在团队氛围中先发挥作用。

当新事业的启动基本定下来后，稻盛先生往往又会让那些悲观的人士上阵。悲观人士多是些高学历人士，比较喜欢怀疑一切。任何新事物，他们都会本能地质疑。可谓"学的东西越多越习惯于质疑"。稻盛先生也让这些人的特质产生正向价值。你不是喜欢质疑，喜欢说这不行那不行嘛？就让你去做可行性报告分析。因为什么犄角旮旯的风险可能性甚至根本不可能发生的事情他们都能给你想象得出来。想象的越充分，对新项目未来实施不是越好吗?！把所有可能发生的困难都提前做了预估了。困难事先想得越多越好，总比没有准备手忙脚乱地应对要好得多。稻盛先生让这些悲观质疑人群也发挥了最大的正向价值。

在新事业、新项目走入实施阶段的时候，稻盛先生又把乐观可燃之人给换上阵来。这些人乐观，一旦新项目实施遇到什么困难或者问题时，这种绝对认为是一种正常现象。实施新项目能不遇到困难问题吗？遇到困难是再正常不过的事情了。因此这些乐观的人能够在遭遇困难的时候不动摇，坚持到底而不言放弃。这是达成任何新挑战所不可缺少的品质。

若让那些悲观的人去从事新项目的实施，那可就坏了。一遇到点意外和困难就大惊失色。"不行了，不能够做了"或者说"我早就说过吧，这个项目根本不行，早晚会出问题的，根本不可能成功。"一遇到点困难，质疑、否定的观点就会从内心爆发出来，并且负面情绪会影响到整个项目团队，瓦解军心。因此新项目进入实施阶段，仍然需要使用那些乐观可燃之人，才能够加持到底而不会因为用错人的问题使新项目、新事业半途而废。

这就是稻盛先生用人的高妙之处，他把人的心理给彻底琢磨透了。这里我还要告诉大家，在进行新事业、新项目过程中的这种两头使用乐观可燃之人、中间使用悲观不燃之人的其他妙处。就像一个柴火棍，两头属于干柴，是可燃的；中间部分是湿的，是不燃的。两头点燃之后会把中间原来的不燃部分的水分烘干，使不燃属性逐渐变成可燃的——这就是两头烘烤的效果。这样做下去，企业内部那些原本不燃、悲观之人也会逐渐变得可燃、乐观了。这就是稻盛先生用人做事的绝妙之处，让不燃之人受点燃团队氛围的烘烤。这也符合各个击破的道理，只不过是基于可燃性属性的各个击破而已。

各个击破，还涉及宇坪发表中流露出来的另外一个非常有意义的要点：企业老板应去了解员工，了解每一位员工，而不是让企业员工来了解老板。这一来一去其实是有本质差别的。这一条出自稻盛先生对宇坪的亲自教诲："这对于中小型企业来说是最重要的，不论是提高员工之间的默契，还是要做其他事情，社长都必须了解每一位员工。"宇坪认识到：正确的方法是社长通过行动告诉员工，而不是通过发指令、发文件完成。

宇坪先生特别注重员工的成长与各种技能培训。我一再讲，这其实是企业经营理念是否能渡到彼岸思维的重要标志之一。宇坪坦诚地告诉员工："一定要通过工作让自己成长，至少让自己和周围的家人、朋友都感到幸福。"

为此，在学习稻盛塾长《活法》和组织各种读书讨论会之外，宇坪还在公司内部接二连三地举办各种专业学习班，让员工们参加簿记员、厨师技能认定考试。宇坪认为，无论能不能拿到证书，员工们都在这个过程中获得了成长。他说：不知不觉中，不知道从何时起，公司里面拿到营养师、管理营养师、厨师资格证的员工已经超过了半数。

宇坪先生这种经营员工的努力最终换来了员工经营客户的结果，换来了出色的业绩与广泛的好评。比如福井县县立医院，一个在福井县卫生管理要求最严格的地方，却全权委托宇坪的公司负责该院患者的供餐。宇坪终于把企业的信誉给找回来了。

最后一点就是宇坪发心彻底改变自己、真正认识到员工作用时，对自己的行为举止提出了几点要求。其中一点非常重要，就是在批评员工的时候要给他们一个解释的机会。这其实也是"必须让老板了解员工而不是让员工去了解老板"准则的具体做法。这与《西点领导力》中关于初级领导力 15 个原则之一也是脉络相通的。宇坪先生能够这样要求自己非常不容易。学习经营首先应该改变的就是企业老板自己。要做到这一点，就必须打破头脑中的极端管理思维——只想让别人改变的思维。

相逢决定人生

——试析盛和塾<东京>本田章郎先生的发表

本田章郎先生从事的是汽车玻璃行业。在日本这是一个画地为牢、不求进取的行业，各个厂商都固守着一份既得利益，缺乏进取与挑战精神，竞争忧患意识不强。

命运与人生

本田的发表还有一个副标题"稻盛哲学让落魄的我变身经营者"。"相逢决定人生"这个标题，再一次让人感觉到了"命运"的神奇。本田若未遇到生命中的贵人，他的命运又会是什么样呢？越这样想问题，就越充满人生的感恩与知足。

听到过这样一种说法：人生成功与否要看是否有"读万卷书，行万里路，识万种人，明师指路"这四个条件。"明师指路"人们一般会写成"名师指路"。然而有名的名可不一定是明白的明。人们所说的这四个条件，都属于一种被动条件或者向外归因的条件，与稻盛先生成功方程式的主动思维、努力主义、向内归因的思维完全不一样。这种外归因成功与内归因成功在人生的区别，或许也正是《了凡四训》的意义所在——通过自己的正向努力而改变自己的人生，而不是被动地等待凑齐成功的外部因素。

本田讲他遇到了两位人生的恩师、明师，从而使其走上了一条人生的正途。这两位恩人一般的导师，其中一位是本田先生母公司 Duks 公司的董事长大畑先生，另一位就是稻盛塾长。

本田少小丧父，一直游走于胡作非为、不务正业的社会边缘。因为与这两位恩人得以人生相逢，所以他的人生才得以向好的方向转变，否则就真不知道会滑落到什么地方去了。

若说桥本先生因为找到了一位董事长的女儿而成为了一位经营者，那么本田则是因为遇到了一位父亲般的经营长辈（同时有一种找到家的感觉）才成为了一位有品德的经营者。这是一个日本现代版的通过师徒制培养经营者的案例，给我们揭示了许多鲜为人知的师徒相传的人才培养细节。仔细琢磨一下，非常有意义。

年轻的本田在遇到大畑先生之前一直不停地换工作，在日本这是很不正常的现象，不过现代中国的年轻人走入职场后却把不停的跳槽视作正常现象。当然这与当今大多数中国企业忽视对员工的成长与培养以及挖人挖墙脚的做法有关。毕竟一个巴掌拍不响。

在 20 岁的时候，本田通过工作面试到了大畑先生的企业。大畑是盛和塾山阴分塾的发起人代表。从本田发表后稻盛先生所做的点评中我们可以判断，稻盛塾长对于大畑先生应该很熟知。

当时大畑先生见到不务正业的本田后就说："我们公司原来也净是些臭名昭著的坏人，没有什么能力，但后来，他们开始反省过去的人生，成为了共同努力、创造美好人生的伙伴。你也是一样，既然想要好好锻炼自己，想过上幸福生活，就来跟着我来干吧！"大畑先生的这番话，成为了本田崭新的人生起点。

亲如父子的师徒关系

本田先生似乎给我们揭开了一个全新而陌生的画面———一幅亲如父子般的师徒制人才培养的画面。我在分析小豆岛的井上智博先生的发表中，已经提过：稻盛先生所开创的这种大家族主义与西方那种单纯雇佣关系的企业组织形式是很不一样的。我之前已给大家讲过这一点，接下来会在第七位塾生——本田章郎先生的发表讨论中给大家具体阐述。

应该说，本田关于师徒制情境的这段发表，完全超出了本人的想象，甚至有些超出了稻盛先生的想象。现代日本企业中竟然还有这样的师徒制关系。

本田幼年丧父，在 20 岁之前一直游走于社会的边缘，过的是没人疼、没人爱、没有家庭温暖的一种生活状态。在其意识中根本不知道"家"的意义是什么。那么大畑先生又是怎样使这些"坏孩子"的人生发生转变呢？是如何转变了他们的人生观和价值观呢？

大畑先生的公司对新人有这样一个规定：必须进入大畑先生的家里过集体生活，在大畑先生一家人的眼皮子底下生活，接受一种全方位的至善教育。这是传统师徒制教育与现代学校制教育的一个本质区别。现代学校教育主要强调学知识和技能，而传统师徒制教育则是从学习如何做人开始，然后才是学习技能知识。现代学校教育在教导如何做人方面其实是：聋子的耳朵——摆设。大学毕业后进入企业，连最基本的为人处世、与人交往的能力都没有，连做人的规矩都不懂，还眼睛长到头顶上，口口声声说自己没有缺点。这种"高材生"又有什么用呢？人生有的是亏，等着去吃吧！

大畑先生的师徒教育是从日常寒暄、礼节礼貌开始，教给本田作为人的正确思维方式，甚至还像教导小学生一样一步步教他们如何叠衣服和被子。大畑先生白天在工作现场教技术与销售，晚上还教在酒桌上的各种规矩，像家人一样对待孩子。完全是一种和谐人的氛围，使本田拥有了一种得到父母关怀的感觉。大畑先生当时已是盛和塾的塾生了，他把稻盛塾长的思想理念传授给像本田这样的徒弟。

举一个例子，本田搬进大畑先生家的第二天，大畑先生就给了他个下马威。大畑先生来到了本田视若生命的爱车前面说："这部高级车不符合你的身份，现在开还太早了。没钱怎么还如此爱慕虚荣，快去把车卖了！"本田确实因没钱连给车加油都没加满过。于是本田也就听话把车卖掉了。

本田在大畑先生家里接受的亲子般的至善教育还体现在他的工资与零花钱的管理方面。薪水最开始都交由大畑先生的夫人保管，本田每月只能领到必需的零花钱。有一天本田终于忍不住了，鼓足勇气问了一句："这样的生活还要过到什么时候？"大畑先生非常严厉地回答："到你结婚的时候！"

本田发誓不再问钱的事情，甚至还风趣地说：托大畑夫妇的福，自己的银行存款越来越多，只不过原本的酒肉朋友也越来越少了。其实这也是大畑先生为了让本田看到自我正向成长的一种良苦用心，既断绝了负面的交往，也能够看到自己努力的结果。他是在一点一滴地培养经营意识——财富是节省出来的。

本田说，后来自己与大畑夫妇的感情甚至超越了亲子关系，达到了具有共同理想抱负的高度。这其实就是传统师徒制的意义所在，既教做事也教做人，先教做人后教做事，让人培养出一种良好的生活习惯或者人生习惯。"把良好的品德培养成为一种习惯"，其实也是《西点领导力》的一个原则。

大畑先生对本田的系统培养还表现在有意安排本田亲身接触稻盛先生的举动上。那是在2003年的9月，当时本田还没有加入盛和塾。本田当时自己既不是企业家、企业经营者，也不是公司管理层，只是一名普通员工，然而大畑先生却还是有意安排他去参加盛和塾的巴西之行。

在巴西之行中，本田亲眼见到了稻盛塾长，并聆听了稻盛塾长在市民论坛上的讲话，听到了许多巴西塾生企业家们的经营体会，可谓是收获颇丰。本田的感受或许就像本人这次参加盛和塾第 21 届世界大会的感觉，都是收获颇丰。

大畑先生培养本田的再下一步就是为其提供一个经营创业的机会，安排本田到东京去开拓新业务，并让其做主角，任命本田担当新建立的 Duks 东京子公司的社长。本田这个"坏孩子"终于走上了一个被信任且担当经营重任的岗位上了。

集体生活培养团队意识

这或许也是大多数中国企业家忽略的一个问题。这种集体生活对于打造团队意识、团队合作机制与团队凝聚力具有一种意想不到的效果。前面介绍过，本田刚进入大畑先生公司的时候，按照公司对于新人的规定，他须先住到大畑先生的家中，接受大畑夫妇亲子般的人生教育。在大畑先生家的集体生活结束后，本田原以为终于可以获得解放了，没有想到又要在 Duks 公司现任社长一宫本先生家过集体生活。听到这里，本人实在非常好奇，这到底是怎样一种人才培养机制？能够被大畑先生公司的历任社长在自己的家庭生活中得到传承，需要家人怎样的一种理解与配合。

当本田被委任为东京子公司社长的时候，仍然要继续过这种集体生活，只不过换了一个形式而已。本田一行 8 人租住在一个三居室的公寓。大畑先生的夫人同他们一起来到东京负责 8 人的一日三餐。大畑先生的夫人亲自负责这个年轻创业团队的三餐。简直太不可思议？试问在中国，有哪一位中国企业集团老板的夫人会做这种事情？试想年轻人在这样的氛围中创业会有怎样的信心与信念？

这样的集体生活，本田他们在东京创业的时候坚持了 3 年。这种集体生活塑造了真正肝胆相照、相互理解的一种伙伴关系。这样的团队是不可能被打败的。

本田与一起来东京创业的伙伴们每天晚上都会在推杯换盏间进行交流，讨论该如何对待客户等问题。大家晚上甚至会围着工厂的接待台，边喝酒边反省刚刚结束的一天，畅谈对未来的憧憬。这种生活方式把年轻人工作之余吹牛瞎侃发泄的时间全都用在了正经的地方，产生正向价值，而不是毫无意义流水般地荒废掉。

关于这一点，大家可能很容易忽视。这里面包含两方面的机制：一方面就是关于吃喝联谊会也称为空吧文化的意义。在聚餐场合，在推杯换盏间大家容易放下那种端着架子的习惯与职务高低的意识，然后进行一种非正式的推心置腹的真诚交流。另一方面，这种集体生活可以为团队成员们之间创造更多的交流时间，使大家有更多的时间粘在一起，相互磨合与了解，培养默契。第二方面往往是企业家们容易忽视的——友情往往是在正式工作时间之外建立起来的。

关于这个集体生活的意义，我可以结合海底捞与阳关 100 销售团队的经验给大家讲一下。海底捞各个门店的员工主要都是进城的务工人员，一般都由公司负责员工们的食宿。海底捞公司为员工们统一租房住，租的往往还是城市的高档小区，能带给员工一种被人尊重的幸福感和荣誉感。另外让门店的员工们住在一起，实际上起到一种创造集体生活的氛围和凝聚团队机制的作用。在工作之余的集体生活中，团队成员彼此的性格癖好都相互磨合得很好，工作现场需要磨合配合的事情实际上就减少了，因此也就加强了团队的凝聚力，成员间的默契度、配合度也就随之提升。

阳光 100 销售团队的战斗力在集团的各个专业系统中亦是比较强的。销售团队分为总监、副总监与职业顾问几个级别。其中职业顾问是人数最多、最为基础的一级，属于一种天然的阿米巴小团队属性、由一位销售副总监负责。这些年轻的职业顾问基本过着一种管吃管住的集体生活，只不过如何利用这种集体生活打造团队凝聚力的工作，阳光100还没有刻意去做。这或许是下一步我该给阳光100销售团队的负责人建议的内容。集体生活具有八小时工作之外的意义。

集体生活有助于打造一个高度团结相互理解的团队。绝大多数成功跨越创业门槛的公司，当初依靠的主要力量就是团结一心的团队，创业初的那种朝气与精神，能够克服事业上的许多困难。本田8人团队在东京创业期间就充分受益于集体生活塑造的团队意识。

举一个例子。一天，一位跑销售的男员工回来对本田先生说："社长，客户那里已经有其他玻璃厂家的人在工作了，我没法销售就回来了。"本田听后非常生气地说："其他厂家的人在那里工作，这是很正常的事情。但是你夹着尾巴回来，没有这个道理，再去一次。"很多次，本田就像机关枪扫射一样训斥他的团队伙伴，为什么却未伤及一点伙伴们奋斗的热情呢？这是由于本田团队在东京创业期间的集体生活已经促成人与人之间十分扎实、友好的相互理解包容的缘故。

集体生活还有一种意义，它构筑了一种浸泡式的友好环境，为人们的三观发生转变创造了必要条件。据说改变一个人业已形成的习惯，需要至少尝试23次。这种浸泡式的友好环境可以非常有效地改变人们的习惯。本人在《我所理解的西点领导力》一书中，会重点给大家讨论这个学习"友好环境"的问题，在这里就不展开说明了。

挽救"坏孩子"的盛和塾

这是我聆听本田的发表后的一个最大感触。就连稻盛先生听完本田的发表后也感慨地说："确实发现加入盛和塾的许多企业家好像从前都是问题青年，都是一群坏小子。"这个现象真正能够说明一个问题：稻盛思想具有转变人心的强大作用，就连在人们主流意识中那些"坏孩子"的年轻人都可以发生价值观转变向人生好的方面发展。

我可以从理论上再给大家分析一下这其中所包含的道理。稻盛思想属于努力主义和提升逻辑，"提高心性，拓展经营"就属于非常典型的提升逻辑。大家都知道，努力主义、提升逻辑又属于是一种"将来时态"。

我在《阿米巴不是什么》一书中曾给读者分析过经营思维与管理思维的不同，我一直强调，稻盛经营思想属于经营而不是管理，一直告诫大家在学习稻盛经营思想时，千万不要带着管理思维的惯性来学习。

我前一阵在无锡盛和塾举办义务讲座，当时有一位企业家感慨地说："您颠覆了我们头脑中的管理思想。"我的回答是："我并不是颠覆管理思想，只是想颠覆大家头脑中带着管理思维来学习稻盛经营思想的那个思维定式。"我一直强调：经营是经营，管理是管理，两者各有分工，不是同一个思想。稻盛思想在本质上属于经营思想。

我们说，管理思想与经营思想的所关注的对象、实现目标对象的方式和逻辑都是不一样的。管理思想一般关注企业的下限——如何守住下限，换句话讲，关注如何管住坏人或人性恶的一面；使用的方法一般都是自上而下的一种压迫法、强制法。因此仅依靠管理思想所造就出来的企业一定是一种被动结构。在这种结构下，员工不可能主动工作，也不要奢求员工主动工作。企业被动结构不可能产生主动工作的员工，否则岂不变成"种瓜不得瓜却得豆"的逻辑了。

经营思想关注的是企业上限、是如何提升上限。或者可以讲，是关注如何培养好人，如何开发人性善的一面。使用的方法都是自下而上的提升法。点燃或者提升都是自下而上，这其实也是领导力的矢量方向属性（注：领导力是一个方向量，也是本人在《我所理解的西点领导力》一书中的一个核心观点）。基于经营思想所打造出来的企业就是一种主动结构。实际上讲，在管理思想的框架内谈论如何把企业打造成为一种主动结构，让员工们都变成积极主动的劳动者，一定是痴心妄想、枉费心机。原理都搞反了，南辕北辙了，根本讲不通。要想让员工成为主动工作的劳动者，这个企业就必须是基于经营思想的一种主动结构。主动的企业结构产生主动工作的员工，这才是"种瓜得瓜"的道理。因此我认为，把管理 Y 理论从管理的箩筐中拿出来才会真正有意义。

大家都知道，稻盛先生的企业虽然很少使用那些名牌大学毕业的所谓高材生，但却能把那些游手好闲的"坏孩子"们改变成为有道德的、具有正面人生的经营者。为什么会这样呢？道理其实也来源于"经营"的力量，来源于经营机制有别于管理机制的地方。

管理机制是压迫式的、自上而下方向的发力；而经营则是提升式的、通过自下而上方向发力。管理机制是基于既有的能力和已取得的"能力过去式"来评价人才价值，所以更看重名牌大学毕业、更依赖一些能人，尽管文凭并不代表能力，然而没有其他更好的办法。招聘来的"高材生"往往都是一些过度自满的人：认为自己能力满满，企业就应给那么多的工资，还美其名曰物有所值，其实都是这些人自以为是而已。

这些能人认为，企业与其之间的雇佣关系只是一种价值交换，企业并未给自己创造多少额外价值的提升空间。企业对于自己价值的评估似乎已经很满。这些"高材生"的能人认为：是自己给企业带来了价值提升，而不是企业给自己带来了价值提升；价值提升往往只能够通过更换工作、跳槽来实现；即便不跳槽，也要工资翻倍，否则称不上价值提升，而且早应如此。对于这些极度自满的高学历员工而言，无论企业给他增加多高的工资，他都会认为那是应该的，即便如此也远未达到他们的心理价位。他们永远不会有感恩之心。

这种情况其实反映出企业一方缺乏真正的培养机制，一直把员工当作一种既有资源，花钱雇你就是让你来干活的，你的能力就该与岗位的要求相匹配。若能力不够，还需培养，那可不是我企业的责任。花钱雇你是来工作的，不是学习的。为了花的每一分钱都物有所值、充分发挥意义，就必须自上而下地压迫，把最后一分价值都给挤出来。

于是劳资双方的对立思维就启动了，猫捉老鼠的游戏在企业内部也就发生了。一方面，企业老板想的是：按劳付酬，员工有多少能力、给企业创造多少价值，就给员工开多少工资，员工干多少活就给多少钱。这就是计件提成的思想，计件提成其实只适用那些比较好计量的工作，只具有短线刺激的作用。

另一方面，对于不太容易计量（创意性、设计性、管理性）的工作而言，这种"高智商"的能人打工者，猫捉老鼠游戏就智慧升级了：老板想的是按劳付酬，而能人们就来个按酬付劳，老板给多少钱就干多少活。所谓的高级人才、能人思维都用在这方面了。也就是说，企业你可以买我这个人却买不了我的心。想要让有这种思维的能人"付出不亚于任何人的努力"，在管理框架下连门都没有，想都不要想。因为能人思维不能感受到任何提升空间的意义，看不到再努力对自己有什么好处，所以股权激励、股份激励等手段也都是短效的，不可能成为企业持久发展的动力。

这些名牌大学的"高材生"以及自认为能力很强的能人们认为：自己已处于能力的顶峰，不再有什么提升的空间，已经足够换取薪酬了。因此，这些人才往往容易成为不燃类型的人，很难再有什么可激发的因素。

稻盛思想属于提升逻辑，对那些自以为能力很强的人的激励作用相对而言就比较小。这恰恰也是已具有成功意义的企业家们少有虚心学习稻盛经营思想的原因所在。这些企业家自信满满，自身既有的成功经验已将他们的思维封闭起来了。他们满脑子想的都是如何教导别人，又怎么可能放下身段学习其他的经营思想呢！这其实也是为什么稻盛经营思想在日本主要是在中小企业间而非大企业间传播的原因。并非稻盛经营思想不适用于大企业，京瓷、KDDI还有日航，都已经说明了这一点。而是因为大企业往往已经具有某种成功模式和成功意识，而那些大企业家们自满自利之心充满身心，降低了他们学习稻盛经营思想的可能性。这些人已经不愿意再当学生了，他们的思想很难空杯。这叫作为物所累。

还是回到我们讨论的话题：为什么会有许多"坏孩子"企业家和问题青年来盛和塾学习稻盛经营思想呢？这究竟说明了什么问题？就连稻盛先生本人很好奇：这是为什么呢？我尝试给大家解析一下。

前面说过那些名牌大学的"高材生"能人，都属于主流意义上的"好孩子"，是一些在"过去时态"中会念书、听话的"好孩子"。这种"好孩子"的"好"与道德的好坏标准并没有多少直接关系。"坏孩子"也是一样，不过是一群被主流意识排斥的、不太喜欢读书的人群而已。他们因没法进入主流人群，才被动地游走于社会边缘而最终成为了"坏孩子"。

稻盛思想为什么会对"坏孩子"和"问题青年"有那么强大的挽救改变力量呢？这还得从稻盛思想的提升逻辑讲起。大家都知道，所谓提升就是自下而上的一种动作。运用到企业人才培养机制上，就是指企业具有把人才从基层向上不断提升成长的一种通道。前文宇坪发表中也提及非常重要的一点：要让员工通过工作感到成长。其实这也与稻盛经营思想的提升逻辑有关。

我们一直讲，管理机制是关注下限的，而其逻辑却是自上而下压迫式的，因此管理机制和模式对于初始人才的要求就属于顶级人才和"好孩子"，拿过来就可以直接用、立刻发挥价值。这其实就是一种

"能力过去时"的思维方式。只有位置在顶部，才具有最大的自上而下的下压空间。"好孩子"一直是服从管理和压迫的。而经营机制则是关注上限和如何提升上限的问题，是一种自下而上的推动逻辑；提升的起点反而是基层，那些所谓的"坏孩子"和问题青年的提升空间和提升效果则更显著。

因为经营机制具有提升能力，有让人成长、成才的培养力量，能力提升是一种"将来时态"，而不是既有的固定"过去时态"，因此对人才的初始要求则不过度担心太低的问题。正所谓"英雄不问出身"。因为经营机制有提升——点石成金的本领，即使起点是石头（注："坏孩子"）而不是金子（注："好孩子"），也没关系，早晚会成为金子。点石成金而来的更能够体现价值提升。

若起点是金子，提升的意义只不过是数量增加一些而已，不会有什么质的差别，也就是把金子变成更多的金子，就如同给能人们上调一下工资。这种数量差异很难被认可，就如同给能人涨了工资也不可能换来多少感恩，甚至还会得到抱怨：早该如此了，上涨幅度还远远不够。多花钱并未买到感恩，期望值过高、高起点往往会形成一种负向心理和思维方式。

然而，原来是石头的那些"坏孩子"一旦被点石成金了，那绝对是一种质的差别，可谓天壤之别。忽然间被他人和社会认可，产生的正方向意义绝对是巨大的。我们所讲的企业经营人心，实际上就是要让员工忽然间意识自己生命和工作的意义，所获得的那种正向荣誉感与使命感的激发效果也是十分巨大的。

打一个比方：若有一座海拔1000米的山峰，长高了200米，长到了1200米，是一种情况；还有一种情况，以海拔 -100 米作为起点，同样是上升了200米，从海拔 -100 米变成了海拔 +100 米，这种变化给人的感觉则是天壤之别。第一种情况相当于"好孩子"的情况，在既有的 1000 米高度，再提升 200 米，对他们而言无所谓，认为是应该的，不会有什么感恩之心。第二种情况，从 -100 米提升到 +100 米，则属于"坏孩子"的情况，是从负海拔的"坏"变成了正海拔的"好"，是一种本质转变。这种由过去时的"坏孩子"变成现在时的"好孩子"甚至变成"将来时"受社会尊重的成功经营者，他们能不感恩吗？用现代流行的话讲，这些所谓的"坏孩子"就属于那种"给点阳光就灿烂"的人群。

换句话讲，若我们把起点放低一些，反而更易看到成长的效果，更易激发出感恩与努力这种改变人生的动力，形成一种正向良性循环。最终的成长甚至可以超越那些"好孩子"的高度，因为这种人生已经步入了一种正向加速成长模式。而那些所谓的"好孩子"和"高材生"可能反而因一直抱怨"被大材小用、未遇明主"而步入一种"减速成长、零成长甚至负向衰落"的轨迹，反倒是越大越失败。这也是有可能的。

这些就是我关于"盛和塾"聚集了许多被挽救的"坏孩子"的因果分析。纯属个人浅见，并非标准答案。

我们所说的挽救改变"坏孩子"、提升逻辑、关注上限，以及"提高心性，拓展经营"等原理在逻辑上是一致的，他们与"积累逻辑"、"生长逻辑"等逻辑也是一致的。这些逻辑，在学习稻盛和夫经营思想入门三部曲系列的第二部《理解稻盛经营思想的 24 个逻辑》一书中，我会给大家再做详尽分析。

什么是学？什么是修？

前一阵在无锡盛和塾的讲座上，有一位塾生企业家问了我这样一个问题："什么是学？什么是修？"因为我在《阿米巴不是什么》一书中曾有过这样的表述："稻盛思想不是用来学的，而是用来修的。"所以这位塾生企业家才提出了上述问题。我认为这是一个非常基础、重要且很普遍的问题，借机在这里再给大家讲一讲。

告诉大家，"稻盛思想不是用来学的，而是用来修的"，前几年我们在传播稻盛经营思想时经常这么讲。不仅我一人这么样讲，北京盛和塾的郭红波郭总也经常这么讲。这句话我还是从他那里听来的。

"什么是学，什么是修"这个问题涉及管理机制与经营机制的区别，以及刚刚讲过的"好孩子"与"坏孩子"问题，甚至还涉及知识能力与心性提升之间的关系问题。

究竟"什么是学，什么是修"呢？所谓的"学"指的是"学知识"；而"修"指的是"修心性"。"学知识"的潜台词就是说新学来的知识可以与某人大脑中的原有思维方式和知识体系做简单加法，并未触动原有思想体系和思维方式的改变，也就是说根本未触动这个人原有的世界观、价值观、人生观这三观。

"修"则不一样。"修"的核心是"修炼心性"、"提高心性"，那是必须不停地触动价值观等三观发生转变，也必须触动思维方式和心灵体系的转变。就"修"而言，那种把新知识拿过来直接做加法的方式是行不通的。也就是说，若非通过提升心性水平和改变思维方式，无论头脑里装了多少新知识，都不能称之为"修"。

我们所讲的"稻盛思想不是用来学的，而是用来修的"这句话的真正意义就在于此。若把稻盛经营思想仅当成一种知识来学习，那么什么都学不到。尤其是带着固有的管理思维学习经营思想，绝对是什么也学不会的。必须触动心灵和价值观，必须改变思维方式。只有"提高心性"，才能改变思维方式，才能实现"拓展经营"。"提高心性"是因，"拓展经营"是果。

所以我一直告诫企业家，千万不要把稻盛经营思想当作一种知识来学习，尤其不要当作一种新的管理知识来学习。如果不彻底改变管理思维，那么什么东西都学不到。还会适得其反，越学经营知识，思维方式就会越乱。因此我们说，学历高的人士，学习稻盛思想的学习难度可能反而会大，一方面因为其内心充满怀疑和质疑，另一方面因为已经养成了无论学什么都当作知识来学习的一种习惯。若再读了些什么 MBA、EMBA 的话，难度可能会更大，满脑子的知识可能都搅成一锅粥了。满脑子都是管理思维。即使学习了稻盛经营思想，但却不能思想空杯，头脑中原有的知识可能就成为阻碍自己思想进一步提升的门槛。

将经营思想的学习融化到血肉之中去

这一点对于学习稻盛经营思想而言也是十分重要的。这其实是"稻盛思想不是用来学的而是用来修的"的另外一种表述。此外，还有一种表述：要把稻盛经营思想学习到潜意识之中去（注：我并不太喜欢使用"潜意识"这个词汇，因为这个概念太过于笼统。人的大脑意识要比"显意识"、"潜意识"的划分复杂得多）。

我们说，仅把稻盛经营思想作为一种知识来学习，往往就只会做表面文章。空谈起来还可以，在企业里面实际操作，可能就是另外一回事了。

稻盛思想与中国传统思想，特别是与阳明思想有着很深的渊源。那么这种思想渊源会给稻盛思想带来一种什么样的属性呢？那就是"知行合一"。因此，学习稻盛思想必须改变我们的思维方式，进而体现在我们行为方式的改变上；真正学习稻盛思想，就一定会表现在经营实践和企业落地方面，而不只是纸上谈兵。

我前面介绍过稻盛先生"把哲学转变成数字才是经营"的话，它既是此次游学最震动我的三句话之一，也反映出一种"知行合一"的思想。这其实也是现在绝大多数纸上谈兵宣讲国学的弊端之一：只是在思想上谈思想，哲学上谈哲学，根本没有实践落地和经营落地，因此就不会对现在的企业和社会产生多少影响。我们说，稻盛经营思想是一种经营思想，它需要在企业内部经营落地，不能永远停留在给他人宣讲的层面。

本田在东京创业的时候也曾犯过类似的错误。在创业的头两年，本田拿出来的经营业绩都是以赤字告终。大家都听稻盛塾长讲过：达不到 10% 的盈利水平根本就不能叫作经营，更何况是赤字呢？

这里面当然有创业之初艰难的原因。要不是有 Duks 母公司的支持，或许本田的创业早就失败了。这里面其实还有本田主观方面的原因，他在东京创业之初的经营目的还局限在自利的动机上，只是一味想完成销售额最大化、客户数量最大化这些可以在母公司面前表现自己业务能力的目标。

本田的这种行为追求与大多数职业经理人的思维方式是一样的，并不是真正经营者的思维。只追求那些能够展现自我工作业绩的目标，而非真正关心企业经营是否健康盈利这个问题。

对于《经营十二条》的第五条"销售额最大化，费用最小化"这个原则，大多数企业家学习时都振振有词，实际上并没有几位企业家的思维是真正符合的。就像很少有企业家能够真正明白水库原理的真正意义究竟为何一样。企业盈利发展之后的积累到底应该放在哪里？除了企业规模发生变化之外，到底什么才能算是企业真正的发展？

本田在盛和塾结识的一位企业家前辈看了他企业的经营问题之后非常严厉地指出："本田，你在盛和塾到底学了些什么？就是因为你没有好好学习、认真实践稻盛塾长的教导，所以才会让公司一直出现赤字！你以为自己在读盛和塾杂志和塾长著作，但你所谓的阅读只是用眼睛看了而已。你应该一字一句地把那些话烂熟于胸，融化在血液里，然后把学到的东西运用到实践当中去。追求销售额最大化固然可以不断地增加客户数量，但是赤字会让你的公司无力保护你的员工和他们的家人！总之，你要真正用心地学习塾长的方法，把它用于实践！"

这实际上就是本田从表面学习知识向真正修身、改变自己的一个转折。自那晚起，本田从盛和塾杂志第一期开始系统学习，而且每晚睡前必读《京瓷哲学》，在车里、在出差的路上从头到尾认真聆听稻盛塾长的演讲 CD，每天不管多晚都会像吃书一般地学习。

这就是血脉化、血肉化的学习，最后把稻盛经营思想打造成自己思维、身体和生命的一部分。许多塾生的发表中都讲到了这样的学习方式，如前文的宇坪就讲"自己的学习是逐渐把稻盛塾长的哲学思想融化到自己的身体里面"。其实这就是用眼学习与用心学习（用心修为）的差别所在，企业家是否真正地把稻盛经营思想融化到自己的血液里。这种血肉化的学习过程三两月时间就能够完成吗？因此只接触了三两个月的时间就要去阿米巴经营、就声称自己阿米巴了，那不是在毁稻盛思想吗？这难道是对自己负责的做法吗？

愚直的实践

真正把稻盛经营思想学到家且烂熟于胸的话，就应该在企业内践行稻盛经营思想。这是具有"知行合一"思想属性的一种要求，光知而不行、光说而不练是不行的。若是真正把某一种思想血肉化了，根本就不需要刻意去做去行，而你的一举一动、一言一行都已表现出这种思想。也就是说真正学会了什么，思维方式真正发生了改变，就一定会在实践中体现出来。

中国企业家在企业内部践行稻盛经营思想或者推行阿米巴经营时，

最大的一个毛病就是把自己乱七八糟、甚至自利利己的一些想法一股脑地往里加，打着稻盛思想的幌子往里面添加自己的东西。这个问题与企业家们学习稻盛经营思想不扎实的那个前因也是相关的，由于没有把稻盛思想真正地血脉化、思维化，未把经营思想打到潜意识中去，无论是"显意识"还是"潜意识"，都还抱着一种管理思维不放。既没有"提高心性"，也没有转变思维，一心只想着怎么给企业带来"拓展经营"。不在"因"上下功夫，只想在"果"上做文章。

本田将稻盛思想血脉化后、在自己企业内部践行时，深刻地体会到"只要率直接受稻盛塾长传授的方法，愚直地实践所学，那么自己的人生、公司经营、乃至萍水相逢之人的人生都会朝着好的方向发展。"

我认为本田"愚直的实践"这个概念非常重要，它体现了本田学习的功底。因为稻盛经营思想是一个非常完善的思想体系，既有思想哲学原点，又有上下贯通的理念逻辑，还有具体精妙的手法技巧，所有部分都是融会贯通的。我刚刚接触稻盛经营思想时就体会到了这一点，我当时就用"道、明、理、通、术、精"六个字来概括稻盛经营思想。

越是能够忠实于原版的稻盛经营思想，就越能够原汁原味地践行稻盛经营理念，企业的收益、收获一定也是越大越快越直接的。是否忠实于原版的稻盛思想与学习是否扎实、是否达到了血肉化的程度也是相一致的。正因为没有学到家，所以才总想要一些小聪明，把自己肤浅的认识往稻盛思想体系里加，吃亏走弯路的结果就只能是企业家自己，付出实践的代价也只能是企业家自己的企业。正所谓"聪明反被聪明误"。

稻盛经营思想是一种大智慧，不是小聪明。而企业家们小聪明的那些火花般的想法，却往往是没有系统支撑、缺乏逻辑贯通的：一些小手法向上找不到思想的动力源头，一些缥缈的点状思想向下无法实践落地，上下互不相通，无法做到"知行合一"。

把稻盛思想引入企业内部的具体做法当然还是要因地制宜，不同行业的企业具体方法当然不同，这是企业家们可以各自大显身手的地方。我们只是说不要往稻盛思想原理里乱添加东西。对于稻盛经营思想的遵守越愚直越好。越是认为耗费时间的笨方法、绕远的路反而是最能够节省时间的方法。比如，我们越是希望中国企业家能够在企业导入阿米巴经营之前至少要有 2 ～ 3 年甚至 3 ～ 5 年的时间来接触稻盛思想；而中国企业家就越是想在接触稻盛思想仅仅 3 ～ 5 月就展开阿米巴经营。

为此我这里真诚地奉劝这些企业家：这种引进阿米巴经营模式早晚会失败！失败之后可不要去乱埋怨别人，不要抱怨阿米巴如何如何，也不要抱怨稻盛思想如何如何。稻盛塾长接手日航都需要至少一年的时间才向日航导入经营哲学与经营理念，难道那些急头忙慌的企业家们真的认为自己比稻盛先生还要高明吗？如果真是这样的话，为什么还要来学习稻盛思想呢？

因此我奉劝一些企业家，既然想要学习稻盛经营思想，就要真正放下心来学习，起码要有一个真正学习的样子。若不愿意按照稻盛经营思想的要求去做，又何苦要来学习呢？

幸运人生

——试析盛和塾<大分>龟井浩先生的发表

龟井先生是做房地产业务的，与我们阳光 100 算是同行。他的公司于 2012 年 12 月在福冈证交所 Q 板上市了。他的发表给我们讲述的其实也是一个"坏孩子"被稻盛思想转变的故事。"幸运人生"这个发表标题反映出来的实际上就是那种从负海拔高度向正海拔高度转变的那种质的飞升的一种感觉与感恩。我们说，这种天翻地覆的改变比较容易塑造人的正向感恩之心。

搬家要在半夜偷偷地搬

龟井出生于 1970 年，父母原是做土木行业的。龟井后来一直从事与土木地产相关的行业，或许这与父母先天的遗传基因有关。他的父亲因为嗜酒好赌，最终搞垮了自己的公司，落得要外出躲债出逃的地步。

龟井 10 岁的时候，父母离了婚。母亲带着他和弟弟搬到了祖母居住的别府市。讲到这里，龟井还为大家插了一句题外话：小时候他一直认为"为了不影响别人，搬家要在半夜偷偷地搬，这是礼貌"。可见父亲生意失败给幼小的龟井造成了多大的心理扭曲啊！之前这些发表的塾生，多是名义上的第二代经营者，从父辈那里继承的多是一些负面东西，如经营失败、家庭躲债、父母离异、心理扭曲等等；少有真正继承一笔财富而经营的，例外的只有小豆岛的井上和凤凰男桥本。

之后，龟井的母亲一直依靠打工维持家用。无论多么艰辛，为了孩子们不感觉到丢脸、没有尊严，他的母亲一直都未去申请低保。多么倔强好强的一位母亲呀！宁愿依靠自己的双手劳动，也不依靠他人的救济为生。

虽然自初中起，龟井就已开始到处闲逛了，并未多认真学习，但因掌握了一定的学习方法，所以他还是轻而易举地就考上了国立工业中专。这说明龟井天生就是一位考试高手，属于一种会学习考试的"坏孩子"——很有些专业潜质与学习头脑，能够抓住一些事物的本质规律。这一点，在龟井之后的飘荡学艺过程中都会不时有所体现。这是一个具备某种先天经营头脑的"坏孩子"，很容易"给点阳光就灿烂"。

上了国立工业中专后，龟井仍是每天晚上都出去玩耍，因此学习就跟不上了，读了一年，就自己退学了。母亲知道后非常伤心。

游荡小混混的工匠人生

我们说，龟井的"幸运人生"其实是从少年时代的"不幸人生"——从人生的负海拔开始的。因为经历过人生的不幸，龟井才会在接触稻盛思想发生命运改变后感觉到一种"幸运人生"，才会珍惜这种"幸运人生"。生活在蜜罐里的"好孩子"往往不懂得珍惜，认为什么都是应该的，社会就应该对他好、别人就应该帮助他。

退学之后，年纪轻轻的龟井就必须开始找工作。一个刚刚中专退学的16岁少年又能够找到什么样的工作呢？当时龟井就清晰地认识到自己所面临的选择——掌握一门手艺去做工匠，或者去餐馆打工。只能是这些选择了。

站在人生的第一个选择节点上，龟井先天的基因与头脑就彰显出一种判断力。凭直觉龟井认识到做工匠将来会比较有出息，容易出人头地，于是他就开始学做与装修这一行手艺有关的工匠人生。

先是从给人当小工学起，天性伶俐的龟井很快就把相关的手艺技巧、工作流程给学会了；然后他逐渐开始去做分包而不再给别人当小工做手下，再然后他就自己直接包工做工程了。

龟井从16岁开始进入社会，18岁就已开始独立创业了，到了20岁时他创立了自己的第一家公司KEIZ。1996年，他26岁的时候，龟井已经把新居改装成自己公司的主营业务了。

龟井从工匠做起一直到把自己的公司做得有模有样，他虽然没有读太多的书，但是其一路走来的一系列人生经历，充分展现出他的创业经营头脑，像本书最开始介绍过的小豆岛的井上先生一样具有某种先天的经营基因，能够在人生的大学堂里一步一步地做出正确的人生判断，一步一个脚印的步步提升。正如龟井自己所说，脚踏实地地实践着稻盛塾长关于"明天胜过今天，后天胜过明天"这个人生提升的准则。

人生命运发生转折

命运走到这个阶段，龟井就到了接触稻盛思想的时段。他是从一位前辈塾生那里借到一套稻盛塾长的演讲磁带。因为没钱买磁带，龟井就自己复制了一套。在这次发表的时候，龟井为此向稻盛塾长深表歉意。其实龟井后来还是买了正版磁带的。

反复聆听了稻盛塾长的演讲录音后，龟井发自内心肺腑地想加入盛和塾，但因生命的缘分还未到吧！龟井到了30岁时才加入了盛和塾。因为这期间的几年还有一些人生的考验等待着他。

也就是说，在加入盛和塾之前，龟井都是自己一个人在学习、理解与解读稻盛经营思想。龟井说自己最喜欢稻盛先生"付出不亚于任何人努力"这句话，尽管当时的理解有偏差，但因龟井年轻的人生一直是靠拼命工作走过来的。龟井的第一家公司就是依靠他自己拼命工作来支撑的。龟井自己拼命工作的同时也要求员工们必须像自己一样拼命工作。那个时候的龟井每年 365 天工作，每周工作 100 个小时。

当时的龟井还不明白经营的真正意义是什么，也并不明白公司经营员工人心的意义是什么。把毫无意义和效率地拼命工作当作驱动企业发展的唯一动力。因此，作为人生考验，才在龟井经营公司过程中发生了下面的事情。

在龟井 29 岁的时候，公司发生了一起事故——他开发的第二栋公寓激起了当地居民的反对运动。反对运动最后竟发展到了不可收拾的地步——地方政府退缩了，银行等金融机构反悔了。这导致龟井的公司出现了巨大的资金空缺，根本无法再维持下去。龟井不得不通过变卖自己公司的方式才能够度过危机。

龟井先找的是四国一家与自己公司曾有过业务交往的同行公司，希望对方伸出援手购买自己的公司以及开发项目。龟井承诺项目结束后自己会辞职走人。

该公司的社长确实是龟井人生中遇到的一位贵人，他不仅伸出了援手，而且还挽留龟井作为被收购后的子公司的社长。龟井感激涕零，并担任了 5 年时间的子公司社长。这是上天特意给龟井安排的一场人生经历，以弥补他人生中所缺乏的系统正规的经营能力训练。

龟井的人生考验似乎与众不同，大多数人都是从上班族走向经营者这样一个顺序，然而龟田却是从经营者又回到打工者这样一种顺序。这其实与龟井具有先天的经营意识有关。就像经营温泉旅馆的宇坪先生，你不是先有纸上谈兵的经营意识嘛，那么就在展开旅馆经营后，再给你浇食物中毒三瓢冷水。

不过龟井的这瓢冷水来得更大而已，一下子从经营者给泼回成了一位打工者，泼得更加彻底。

在公寓反对运动告一段落后的第二年，也就是龟井 32 岁那一年，福冈县一家成立于 1918 年名为高木工务店的企业因负债高达 240 亿日元，向龟井当时所在的这家公司提出了破产重组申请。由于龟井所处的地理位置比较靠近，总公司就委派 32 岁的龟井负责高木工务店的重组工作。

龟井没白天没黑夜地工作，终于把公司重组任务完成了。他本以为完成重组之后的新公司社长一定会由自己来担任，但总公司却以其还不够可靠为由，任命高木工务店原来的常务董事担任公司重组后的社长。没有龟井什么事了。想必龟井当时的工作热情一定受到严重打击。

那时的龟井已经加入了盛和塾，上面这些事情与经历，龟井在2004 年的一次盛和塾塾长例会上也做过发表。在那次塾长例会之后的联谊会上，稻盛塾长的一句话重新点燃起了他的人生热情。稻盛塾长说："龟井先生，你不是一辈子给人打工当社长的人，不如早点辞掉现在的工作，试试重新创业吧。"

稻盛先生的经营目光的确非常深邃，一眼就能洞彻出一个人能做什么样的工作，一眼看出来龟井绝非池中之物。打工只不过是其人生的一种锤炼，而非永久的职业。按理说，稻盛先生不会轻易给别人提这样的建议，他明确地给龟井指出这一点，也应该属于是一种大善之举吧。

其实龟井一直想重新独立创业，不过为了报答所在公司社长当年救自己于困境的恩情，才打算要在这家公司做上 10 年。就在参加完盛和塾塾长例会之后第三个月，龟井忽然接到了母公司打来的一通电话说："高木工务店现任的社长似乎不足以胜任，这样下去公司还会亏损，你是否考虑一下接任社长？"品性老实的龟井便连声答应下来，并保证若一年内不能够扭亏为盈，自己就辞职。

于是龟井逐渐淡忘了重新创业的事情，自那时起，龟井付出了就连现在的自己都自叹不如的努力程度。一年后，龟井信守承诺终于把公司扭亏为盈。之后，他甚至还兼并、开设了几家新的子公司，员工人数也发展到 120 人，营业额高达 61 亿日元。一切都干得轰轰烈烈、红红火火。

正当龟井忘我打工以至于忘记了自己重新创业梦想的时候，他忽然接到了一个连自己都以为听错了的通知："龟井社长决策权过大，现降为跟普通子公司社长一样的权力，相关待遇一律下调，同时收回公车。"

龟井直到现在似乎还是一头雾水，不知那个通知究竟什么意思？这其实就是一道"上天"下发的让龟井辞职重新创业的通知，也是给由打工者重新回到经营者的龟井泼了一瓢冷水，让他清醒清醒，经营人生的学习已到火候，没有必要等 10 年。

正所谓人算不如天算，于是龟井提出辞职。尽管母公司一再挽留，但是龟井的思维实际上已经进入一种"再创业"模式，人生的时钟不可能再回调。

龟井的感恩意识其实还是很清楚的："虽然发生了很多事情，但是毕竟母公司在我最困难的时候伸出了援手。这期间积累的经验也是花钱都买不到的。我熟悉了财务、会计，从大项目到小项目，从并购到一般常识，我学到了很多。"

龟井的想法实际就是一种知道感恩他人的想法，不把别人的帮助视作理所应当。这样才会以感恩之心对待他人的帮助，才会明白"受人滴水之恩当涌泉相报"的道理。因此龟井辞职离开时，并未带走自己所在公司的任何员工和客户。带走的只有自己学会的一身本领。

回到自己创业的道路

龟井自己的新公司在 2006 年 11 月终于成立了，虽然给别人打了5 年工后重启自己的公司心中会有些忐忑不安，但因他自身已经有了许多从盛和塾和前一家企业学到的经营经验，龟井觉得自己已经走向一条正确的经营之路了，不会再胡乱犯错了。

我非常认同龟井先生的这个认知——经营不会再胡乱犯错。这也是我对大多数中国中小企业家的一种看法：在经营上，许多企业家基本属于一种经营文盲状态，什么事情都敢干，什么错误都敢犯，经常犯的还是那些最初级的经营错误。中国企业家的创业往往只是抓住一两个商业机会而已，根本不知道经营的本质与基础知识。甚至就连那些取得一定成功的大企业经营也是如此。

我经常在讲座中讲一句话：如果赢不知怎么赢的，输不知怎么输的，最终就会落得到死也不知道怎么死的结局。企业从生到死都是一笔糊涂账，真可谓"糊涂一生"，"难得糊涂"了。

龟井给新公司起了一个"GRANGES"的名字。GRAND 这个英文单词有"主要的、重大的"意思，龟井自己解释为"出色"。ES 则是英文地产（estate）这个单词的前两个字母。因为已经学习了稻盛经营思想，所以龟井又把 ES 解释为 employee satisfaction（员工满意）这两个英文单词的字头缩写。因此 GRANGES 这个公司名称包含着以员工满意为重的意思，或者就是"出色的员工满意度"的意思。

新公司一启动，金融机构同意马上发放贷款，资金很快到位，大型建筑商也向他的公司下单了，一切似乎都很顺利。然而就在这时，由雷曼兄弟公司倒闭所引发的一场世界性金融危机突然爆发。谁都未曾意识到这一场危机的影响会如此的深远。日本 132 家与地产企业相关的上市公司中的约 3 成破产了。若按照独立公司计算的话，破产公司高达 6 成。

然而，凭借在盛和塾的所学，龟井小小的 GRANGES 公司却挺了过来。我一直讲，本人非常喜欢稻盛先生《在萧条中飞跃的大智慧》那本书，它告诉企业家在经济萧条和危机时期如何进行经营，阐述如何让经济危机时代给企业带来正向价值的问题。这与前文所讲的如何"让负面事件产生正面价值"的逻辑一脉相承。

龟井运用他原本就比较灵光的经营头脑，再加上稻盛思想的武装与盛和塾的所学，在购买土地、选择主打产品、建筑物规格化等方面下足了功夫、做足了工作，终于开发出在整体售价不到 2000 万日元、还能让公司盈利的产品。

仍然不听话的顽皮孩子

可以说龟井先生至今还是一个有些不大听话的"坏孩子"，一位心地善良但却顽皮不太听话的孩子。我感觉他似乎还会再经历一些人生磨难。在 2012 年的夏天，在大分塾长例会上，稻盛先生特别讲给龟井先生："上市应该是在万无一失的时候，没必要这么着急。"

当时龟井给了稻盛塾长一个敷衍的微笑。2012 年年底，龟井还是把自己的公司在福冈证交所 Q 板上市了，为此在这次发表时，龟井特意向稻盛塾长说了一声"对不起"。这其实还是一个仍然不听话的顽皮孩子向如同父母的塾长说的一声"对不起"。

无论龟井在未来的人生中会再遭遇什么磨难和考验，都不可怕，因为他已经掌握了如何"让负面事件产生正面价值"的能力。

在其发表的结尾，龟井先生在感慨自己的"幸运人生"时是这样总结的："在我自己看来，童年的不幸给了我永不知足和积极上进的精神，居民反对运动导致变卖公司给了身为经营者的我一个成长的机会，雷曼金融危机促成了公司坚韧的财务体系和高收益的经营模式。"

这就是龟井先生对于自己经历过的三次人生危机所起的正面作用的总结，是其从负面事件中所获得的正面价值提升与人生价值升华。虽然龟井先生可能并没有学习过积极心理学，

但他的这种思维方式完全符合积极心理学的范畴。龟井的这种积极心态或许可以追溯到他母亲那种倔强自强的无形影响，从而使其走入了一步一步正向提升的"幸福人生"。稻盛先生在点评龟井先生的发表时，首先也提到了龟井先生母亲自食其力、不申请低保这件事情的正面意义。

下篇

游学参观与学习体悟

学习一桥大学广本教授讲座的心得

　　除了参加盛和塾第 21 届世界大会之外，我此次的游学行程还包括另外三项内容。它们分别是：参加世界大会前听一堂广本敏郎教授的讲座；在参加世界大会后参观京瓷总部和稻盛和夫图书馆（俗称稻盛楼）；参观塾生一家位于大阪的食品企业——小仓屋柳本。

　　由于我坐在轮椅上行动不太方便，因此没能随团去参观稻盛先生清修过的圆福寺，也没有办法参加需要换乘小飞机才能去鹿儿岛的那个游学团，因此也失去了参观日航的宝贵学习机会。这确实让人有些遗憾。好在我们阳光 100 常务副总范总去了鹿儿岛，也代表我本人向鹿儿岛大学稻盛学院的奥健一郎教授转达了我的问候并向奥教授转赠

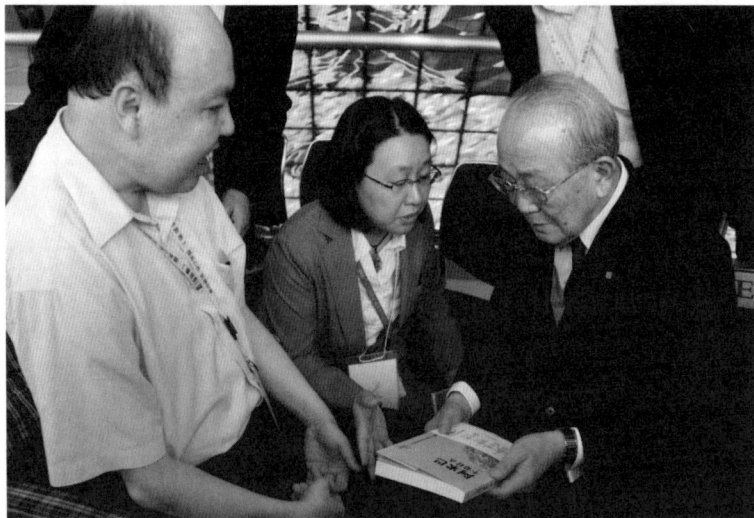

稻盛先生中文助理鬼头小姐向稻盛先生介绍《阿米巴不是什么》一书

了我刚刚出版的《阿米巴不是什么》一书。谈到这里，顺便说一下，在参加世界大会期间，在曹老师的大力帮助之下，我能够有机会向稻盛先生直接面呈拙作，深感欣慰。特此由衷地感谢稻盛先生以及曹岫云老师。

广本教授的讲座

一桥大学广本敏郎教授的讲座安排在 2013 年 7 月 16 日下午。7 月 16 日上午原本安排的是曹老师发表演讲。但由于中央电视台一行人要采访稻盛先生，所以曹老师临时去做陪同工作，因此 7 月 16 日上午的那场活动，我就被赶鸭子上架似地客串了一场，与那些已经抵达现场的企业家们来了一场互动问答。这是本次游学以来，我与游学团的中国企业家们所进行的第一次"亲密接触"，也是一次比较近距离的相互了解与思想碰撞。

广本教授下午讲座的题目是"从管理会计研究者看阿米巴经营"。原本以为是讲解关于阿米巴经营会计学方面的知识，其实并非如此。实际上是从一位管理会计研究者的角度来谈对阿米巴经营的认识的。进一步说，就是从广本教授自己专业的角度谈自己对阿米巴经营的理解。但客观地讲，我个人认为讲座的角度和我的期待或者理解还存在一些不同。也许随行的企业家们也对此深有同感。

坦诚地讲，我认为，广本教授的思想还没有把经营思想与管理思想彻底脱钩。比如广本教授所使用的英文仍然是 Amoeba Management（阿米巴管理）这样的一种表述。当然这也不足为怪。本人在《阿米巴不是什么》一书中，其实已经给大家解释过，英文词汇之中是没有"经营"这一单词，因此本人特意创造了一个关于"经营"的英文单词——ecomagement。尽管稻盛先生用日文讲述阿米巴的思想，但是不懂日文的我，却能认识到"经营"一词的含义并不是"管理（management）"。这其实也要得益于中日两国文字的同根同源。如果不是如此，那么我们的思维也必然会受到影响，误把"阿米巴经营"翻译成 Amoeba Management，进而会把阿米巴当作管理知识。

尽管如此，广本教授的讲座对于我而言还是受教非浅的，确实帮助我解决了一个非常本质的理论问题。广本教授的讲座一共分为了五方面的内容，以下就是 ppt 的纲目：

导语

阿米巴经营的现代意义

包含市场的经营系统

没有会计就没有经营

阿米巴经营中经营管理部门的意义

这五方面的内容，除了"导语"这个介绍性背景内容之外，其他四个方面的内容，对于企业经营而言都是非常重要的。只不过因为我对这些内容基本上都很熟悉，所以请允许我就选一些对本人而言比较新鲜的内容跟大家分享一下。

大家知道，稻盛经营思想在本质上属于是一种利他思想、利他主义。稻盛思想核心强调的就是利他精神。这一方面基本上在"道"的层次，也就是稻盛思想"经营之道"的本质。然而在"术"的层次，阿米巴经营就属于"术"层面的模式了，属于稻盛经营思想体系内的方法手段了。然而阿米巴经营实际上又是一种市场机制，即将外部市场机制引入到企业内部来开展的一种企业内部经营，进而替代企业内部原有的那种管理指令机制。换言之，唯有市场，才会有经营的概念。我一直强调这样一个观点：买卖的本质是经营不是管理。经营的本质是来源于市场属性。至少在"经营"方面应该如此。

因此，如何理解市场机制，如何理解市场机制之中的利他属性，就变得至关重要。然而在理解阿米巴经营机制的时候，却很少有人真正深入地从市场机制的本质上进行认识。广本教授特别从市场机制的"利他属性"入手进行分析，确实令人有耳目一新的感觉。这其实也是稻盛思想与市场机制之间的一个关键连接点。

计划管控体制与稀缺经济

对于中国人而言，特别对于曾经历过计划经济、过过"苦日子"的中国人而言，计划体制对于经济系统所实行的指令化管理社会计划所造成的那种物质财富稀缺的时代，恐怕大家还是记忆犹新的。记得当年东欧某国的一位经济学家专门提出过计划经济必然导致物质财富稀缺性的"稀缺经济学"理论，我上学的时候还买过相关书籍。

应该说，当今中国社会、许多中国人对物质利益的极端追求，与当年那种被稀缺经济穷怕了的经历也是不无关系的。这种极端的物质化追求实际上可以看作是对计划稀缺时代的一种报复性需求，是在狂补失去的东西。因此中国当今的市场经济实际上不免有些不正常、不健康的地方，是人为打破市场规律而形成的市场经济。因此大家不能把这个不太正常、不太健康的市场现象当作正常的市场规律来看待。如果真的那样认识问题，绝对会害死人的。用这样的认识指导实践，绝对会把中国企业家们给坑死的。然而坑死人不偿命。这也真没有办法。

记得那是十多年前的事情了。有一次阳光 100 的易小迪总裁感慨：现在的市场经济，好像企业的外部游戏都由市场规则取代了原来的计划经济，然而如果从我们企业的内部来看，似乎我们还得依靠计划经济、依靠内部的管理体制。

这其实几乎也是所有企业家的想法，也就是在接触稻盛经营思想、接触阿米巴经营之前的想法，人人都认为企业内部实行管理机制最大化似乎都是必须的。企业只有被管理才能够有效运作，员工们只有被管理才能够为企业创造价值。这实际上就是管理 X 理论的内涵。这样的思想一定会导致企业的被动结构，企业发展一定是缺乏动力的，不可能有员工会努力工作。

就像我们阳光 100 所经历的，企业集团一直在"管"与"不管"之中挣扎，一直在"一管就死，一放就乱"的困局之中徘徊，一会儿这样一会儿那样，反正怎么也不尽如人意。上面满意了，底下不满意；底下满意了，上面不满意。始终无法找到一种让上下都满意的机制。不断地"企业变革"，然而却并未见成效。

亲身经历过计划经济时代的人们都会知道：计划体制、管理体制一定会导致稀缺经营。还记得买冬储大白菜排三天三夜队的经历吗？其实在企业内部实行"管理最大化"的结果也是如此，只不过导致的是企业经营人才稀缺、努力主动工作的员工稀缺的问题。这其实就是在企业内部管理模式之下"经营最小化"的结果——企业只有一个经营者，那就是企业老板自己。只有老板自己一个人"唱独角戏"。这是一种必然的结果。这种情况下，想让员工们积极主动地工作、努力担当或者挑战高目标，那纯属异想天开。管理的土壤根本不可能结出经营的果实来。

稻盛先生的阿米巴经营，那就是把动力无限的市场机制引到企业内部，建立一种内部市场机制，展开内部购销经营，并从中培养经营意识、培养经营者。内部市场机制的结果就是企业的经营人才、主动工作的员工不再稀缺，从而实现了"经营最大化"的目标，也就是经营人才最大化的目标——企业中人人都是经营者。

市场经济的利他属性

利他精神原本是市场精神的本质，因此阿米巴引入市场机制，与稻盛先生的利他思想相结合才变成可能。广本教授关于市场机制的利他属性的分析就具有这样的意义。广本教授把我们的思维带回到了马歇尔经济学时代，甚至还带回到了亚当·斯密的经典思想时代上去了。

广本教授在讲座中从马歇尔经济学入手指出市场的利他性问题。这或许是当今市场经济中，许多企业经营者都已经忘记的事情。

· 在经济学当中，马歇尔最大的贡献是，提出了"好的市场是极度利他的"的论点，良性交易不仅仅是己方获益，也要同时实现对方获益。

· 无论西东方，还是近现代，可以说经济都是依靠市场产生的利他性发展至今的。

市场经济是通过买卖双方的价值交换来实现的，需要建立在公正公平的相互关系基础之上，需要实现一种相互利他。只有利他，才能实现交换，实现自我价值。如果只是一味地考虑实现自我的利益，而不考虑对方的需求，甚至以损害对方利益为代价，那么自我价值也无法得到实现。

市场经济是一种交换经济，本质上具有一种互补关系。因此，市场经济在本质上是一种关系，是一种交换的互补关系，实现利益只是一种结果而已，维护交换关系才是关键。然而当今世界的市场经济似乎已经变质，已经丧失了原本利他主义的味道与交换关系的属性，而是一直在朝着一种占有、掠夺的零和机制转换。

广本教授引用了《日本经济新闻》的一段描述："机构投资者本应是长期投资者，但却存在着以短期成绩评价资金运用者的问题。原本应该回归重视企业长期成长的态度，然而实际上的现状正在逐渐发生改变。"

在这方面，广本教授给我们展示的数字可能更能够说明问题："在近30年间，企业优先短期利润，轻视社会贡献。股东的平均股票持有期限由原来的7年，减少至7个月。"

结合这种情况，需要告诉大家的是，稻盛经营思想在利益分配上实际上是本着将短线利益转化为中长线利益这样一个原则。只有在中长线利益上，个人、企业、社会三方的利益才比较容易统一。越短线，就像拿着放大镜观察细小的事物一样，差异性就越大。

然而当今的外部市场经济本身似乎都在改变着利他主义的味道，反而越来越趋向于一种短线利己利益的追求。长线投资者们似乎也在越来越失去耐性。

就像本人在传播稻盛经营思想时候所经常遇到的情况一样。无论我怎么苦口婆心地告诫企业家，在引进阿米巴经营之前必须有引进经营哲学与经营理念的充分准备时间，2～3年都不算长。然而无论我怎么讲，企业家们还是短短几个月就阿米巴了，总是一上来就问你有关阿米巴的种种问题。总是一种短线思维方式，总想立竿见影、立刻百病痊愈。这个社会真的已经失去耐性吗？用俗语讲：难道真的都赶着去投胎呀？！何必那么急呢？！

关于市场机制和利他属性的问题，我想给大家补充一些理论分析。这个理论分析其实在本书的原稿之中并没有涉及，修订的时候才补充进来。前几日曹岫云老师来北京，我们见了一面。曹老师谈到这次中央电视台来日本采访稻盛先生的时候提出这样一个问题：亚当·斯密的经典思想讲的是利己之心是市场经济的动力。他讲的是主观利己、客观利他，而稻盛先生您讲的好像是主观利他、客观利己，通过利他之心之后的利润是自然而来的，不必强求。

关于亚当·斯密的利己动力，其实这次广本教授的讲座中也讲到了。广本教授指出：亚当·斯密讲的利己心，并不是个人随意做任何事情都可以，必须具备社会性。

对于广本教授的解释，企业家们未必能够听明白。为此我想从经济学理论上再给大家解释一下，市场机制为什么需要从亚当·斯密时代的"利己"机制转换到当今稻盛先生时代的"利他"机制上来。

亚当·斯密的市场经济属于经典纯粹的市场经济，也就是传统经济学所追求的自由经济。这种自由经济的市场经济具有什么属性呢？就是充分的自由经济、充分的市场经济。这种自由经济需要市场具有绝对的自由进出权，即充分的自由竞争机制。如果进出不自由，那就不符合市场经济的精神属性，也不是自由竞争了。这种市场的自由性，在经济学上假设市场中具有 N 多个经营体。也就是说，市场经济中的每一个经营体虽然是由"利己"驱动的，然而市场的整体机制却是"利他"的，是维护公平交易与价值实现的，市场机制是公正公平的，不会促成掠夺占有行为。

换句话说，因为任何一个"利己"经营体都是 N 多个经营体中的个体，所以不可能因自己的"利己"动力而改变市场机制在整体上的"利他"属性。各方利益总体上是平衡的，整体属于一种多力量中性平衡的属性。目前还没有一家企业巨大到可以影响外部的市场游戏规则，只需要专注把自己企业搞好即可。其实这就是亚当·斯密所处时代的市场经济特性，就属于亚当·斯密思想所认为的那种"主观利己"、"客观利他"的市场经济时代，也就是经济体"个体利己"、市场经济"整体利他"的时代。阿米巴经营所建立的内部市场机制，京瓷公司内部成立了 3000 个阿米巴，其实就符合自由市场经济具有 N 多个经营体的这一属性。

然而到了马歇尔的经济学时代，即马歇尔提出"好的市场是极度利他的"观点的时代，市场经济的属性其实已经发生了极大改变。在马歇尔那个时代，市场经济开始进入大企业时代，即寡头经济与垄断经济的时代。其实德鲁克管理思想也是这个时代的产物。

那么这个时代的市场经济的特点是什么呢？大家知道，进入大企业时代，市场经济由 N 多个经营体自由进出，充分竞争的属性已经被破坏，大企业的规模已经巨大到可以轻易影响外部市场规则，甚至已经可以轻易操控外部市场规则。换言之，在这个时代，这种"利己"的企业动力已经足以改变整体上本应"利他"的市场属性。实际上大企业、垄断企业都是这么做的。到了这样的经济时代，再强调企业的"利己"属性不是很可怕吗？那一定是以牺牲市场整体"利他"属性为代价的。因此到了大企业时代，市场经济就越来越变味，完全被"利己"思维所破坏。

为此，马歇尔才提出了"好的市场是极度利他的"的观点。但尽管马歇尔提出了这个观点，然而似乎也无能为力。其实宏观经济学家凯恩斯也意识到了大企业的弊端，然而凯恩斯的解决方案天生就是瘸腿的，甚至完全搞错了解决的方向。

事实上大企业不是因为规模大，才能够破坏自由市场规则。然而凯恩斯却把另外一个更大的角色引入到市场经济中来压制大企业的"胡作非为"。这个更大的角色却不一定能够起到维护市场公正的作用。原本应该做裁判的角色，却变成了运动员。这样的比赛还能公正吗？

因此我认为，稻盛先生的方案才是真正的解决之道，企业可以规模大，但是需要有良知，需要维护市场公平的竞争性。稻盛先生在创建 KDDI 和挽救日航时就是基于这样的考虑。

另外，当外部市场机制已经被完全破坏的时候，稻盛先生认识到市场机制是一个好东西，于是就把能够在整体上"利他"的市场机制引入企业内部，缔造出在外人看来属于"主观利他"+"客观利己"的经营模式。其实稻盛思想已经远远超出了"利益"的范畴。正像我在《阿米巴不是什么》一书中所谈到的"三把尺子"原理那样，无论是"利己"或是"利他"，利益的尺子其实都属于第一把尺子，都是一个"利"字。稻盛思想根本就不在这把尺子上，第二把尺子才是稻盛思想的起点。稻盛思想早已从个人目标进行了两次飞跃，因此"利他思维"其实并不能够算是什么很高级别的思维。

市场质量的概念

广本教授在讲座中提到一个关于市场质量的概念。我个人认为非常重要。广本教授指出："利他性越强的市场，也是越高质量的市场。"然而人类进入 21 世纪以来，似乎"世界经济已经比较难以维系在高质量的市场水平了"。 其实"市场质量"这个概念恰恰反映出了从亚当·斯密时代到马歇尔经济学时代市场属性的改变。

正如广本教授指出的那样：雷曼危机导致普通投资者遭受巨大损失。现代金融市场呈现外行入市一定会亏损的严峻局面。这是一种"有人获益，那么就有人损失"的严酷市场，是一个同利他性相去甚远的市场。

这也就是说，市场的利他属性越高，市场机制的质量也就越好，市场机制变成一种互补机制，走向一种非零和游戏的多方受益；相反，如果市场的利他性越低，那么市场机制的质量也就越差，买卖双方就趋于走向一种零和游戏、输赢游戏，最终导致交易双方背向而驰、渐行渐远。因此"赢"其实并不是一个应该多么颂扬的概念。有人赢就会有人输，这其实已经是一个让市场经济走了样的概念。

大家一定要注意一点，这一点非常重要。背道而驰、渐行渐远对外部市场关系的影响还不是那么大。为什么这么说呢？因为大不了买卖双方不再有任何生意往来，双方可以各走各的路，以后井水不犯河水，也就完事。

然而，如果渐行渐远的事情要是发生在阿米巴经营机制上，那可就不行了。因为阿米巴经营属于企业内部市场机制，而不是外部市场机制。阿米巴经营必须维护企业作为一个团队共同体而存在的属性。阿米巴经营不能把企业团队给搞散架子。这实际上也是阿米巴组织划分的第三个条件：不允许损害公司整体利益的组织划分。

从这个意义上讲，因为阿米巴经营属于企业内部的市场机制，是不能导致企业团队解体的，所以阿米巴经营就需要企业内部建立一种高质量、利他性强的市场机制，这就需要有可以"齐家"的利他主义的稻盛经营哲学与经营理念来做支撑，因此只想搞阿米巴经营模式而不学习稻盛经营思想、不接受稻盛经营哲学的想法是根本行不通的。企业内部市场机制会彻底散架，也正源于此。如果企业匆匆上马阿米巴，那就等于气急败坏地想要毁掉自己的企业，等于在干坏事。

阿米巴经营管理部

另外需要给大家解释一个问题，那就是关于广本教授讲座的第五个问题——关于"阿米巴经营中经营管理部门的意义"。根据企业家们目前对于稻盛经营思想与阿米巴的认识，我认为，大家对"阿米巴经营管理部"这一问题的认识程度还不够，会把这个部门混同于企业之中一般管理部门。"阿米巴经营管理部"实际上是属于阿米巴经营体系内的一个管理部门，属于"管理最小化"的一个部门。

如果阅读过我《阿米巴不是什么》一书的读者应该清楚，我一直以来的一种观点就是：

· 管理模式：管理最大化＋经营最小化；

- 经营模式：管理最小化 + 经营最大化。

管理模式下的"经营最小化"是企业只有一个经营者，他是企业老板或者企业股东。如果企业只有一个经营者来管理，那么整个企业团队就是被管理。无论是企业高管还是基层员工，其实都在被管理的范围之内。这就是"管理最大化"，在一人之下的员工都是被管理。

然而在企业的经营模式下，是"经营最大化"，人人都是经营者，企业团队和所有员工都被点燃。那么在经营模式之下的"管理最小化"又该如何体现呢？

那就是管理模块应该越来越推到后台管理、隐性管理、底线管理的位置上去。事实上"阿米巴经营中经营管理部门的意义"就在于此。这个部门其实属于在企业阿米巴经营体系中的一个"管理最小化"的部门，而不是在管理框架之下的一个"管理最大化"的部门。然而当企业经营思想还没有普及、没有深入人心的时候，或者阿米巴经营还没有运行到那个程度的时候，关于这些问题以及这些部门的区别，企业家们是不知所云的。

打个形象的比喻，阿米巴经营管理部门就相当于体育比赛的裁判员，需要维护阿米巴经营的比赛规则。结合前面关于市场机制利他性的讨论，阿米巴经营管理部的核心作用就是维护企业内部市场机制的公正、公平以及利他品质。阿米巴经营管理部门更像一个裁判部门，当然裁判员是不能够上场参加比赛的。

战略与规划

另外还有一个问题。当然这个问题不完全是广本教授讲座中的内容，而是在讲座之后，由游学团的一位中国企业家所提出的问题。我猜测，提问题的应该是一位企业管理团队的管理人而绝非是经营者。

提出的具体问题是稻盛先生为什么反对企业做5 ~ 10年战略规划。客观地讲，能够提出这样的问题，说明提问者对于稻盛塾长的所著图书确实看了，然而遗憾的是并没有怎么看明白。换言之，提问者没有用心去学习，只是在用眼睛学习而已，即仍然把稻盛经营思想作为一种知识在学习。同时，提出这个问题，说明提问者深感困惑。因为稻盛塾长的观点与提问者自己头脑里所固有的管理知识一直在打架。恕我直言，这样的问题在本质上属于是一种质疑性的问题。

为此，请允许我回溯一下。早在北京盛和塾成立之后的第一次企业家活动之中，即2010年7月29日在京师大学堂北京红楼旧址所举办的那次活动，我就着重给企业家们讲过关于战略思想并非稻盛经营思想的这个概念。现在请允许我把当时的发言提纲给大家引述一小部分。

许多人认为，京瓷的成功是因为：

· 有正确的战略；

· 有先进的技术；

· 顺应了社会的发展趋势。

然而稻盛塾长回答说：都不是！是因为我有京瓷哲学。

当我们还在谈战略、战术的时候，

当我们还在谈竞争、借势的时候，

我们真的读懂了稻盛哲学吗？

其实我们仍然是一种"术"的思维，仍然只是关心手法，而不真正关注我们的头脑、关注我们的思维。

虽然我是搞战略与决策出身的，然而在学习稻盛经营思想的时候，本人就已经把自己的思维空杯了。所谓的战略思维，所讲的就是"趋利避害"，讲的还是利字当头，属于"利害"思维、"利益"思维，属于"第一把尺子"；然而稻盛思想讲的是"仁"字当头、"义"字当头。

仁义礼智信，这是一种君子思维，因此企业的大义名分被放在《经营十二条》的第一条。

每当开拓新事业的时候，稻盛先生完全都是从社会大义出发，从维护社会公正出发，来看这件事情到底应不应该做，比如建立KDDI、挽救日航之举，都是如此。稻盛先生完全不是从利益的角度，完全不是从"趋利避害"的角度去考虑事业的发展问题。如果从利害的角度出发或者从利益得失的角度考虑，那么就会认为稻盛先生的举动是不可能成功的，然而事实上，稻盛先生恰恰把这些"不可能"的事业给做成了。这就是能力思维与努力主义的差别，也就是"第一把尺子"与第二把、第三把尺子思维的差异所在。因此使用第一把尺子的思维，无论如何是百思不得其解的。

如果从战略利益得失的角度考虑问题的话，那么稻盛先生无私地挽救日航又有什么意义呢？大家也许有所不知，在稻盛先生出手挽救日航之际，有很多人根本不看好，甚至有很多人冷嘲热讽泼冷水，劝说稻盛先生不要蹚这个浑水，弄不好还会弄个晚节不保。然而稻盛先生真的被这种利益得失之心所左右了吗？没有。因此，所谓战略思想的衡量、趋利避害的得失观，那根本就不属于稻盛先生的思维方式。

以上就是关于5～10年战略规划这个问题，我想给大家提供的一点补充。我通过列举这个问题就是想告诉大家，千万不要用我们头脑中已有的固有观念思考问题。如果非要如此，那么我们就永远想不明白那些问题。事实上，大多数的质疑问题都源于此。如果自己的思想还没有空杯，那么我们自己就会幻化出来许多问题。但如果我们的思想真的已经空杯，那么我们原以为是问题的一些问题，也就不再是问题。

参观京瓷总部与稻盛和夫图书馆的收获

　　前面已经谈及，我参加此次盛和塾游学感受最深的三句话之一，就是稻盛先生讲的"把哲学变成数字才是经营"。这句话是我在参观京瓷总部稻盛和夫图书馆的视频放映室时听到的一句至理名言，它让我一直深感震撼。

　　在哲学层面说哲学，在思想里面谈思想，都不是经营。其实在数字里面看数字，在结果里面评结果，也不是经营。稻盛先生讲："把哲学变成数字才是经营。"

　　以上是我给白立新博士发的一条手机短信，我借此来表达我的感慨。然而中国企业家们在接触稻盛思想之后却往往表现出两种极端化的倾向。

　　（1）带着物质利益思维只关注结果、只关注数字结果的固有观念去认识稻盛思想，更确切地讲是用这种态度，去认识阿米巴经营。这种认知水平往往会导致企业家无法从具体工作中把思想提升和升华。

　　（2）只会停留在虚无缥缈而空洞的思想层面，自我陶醉般地宣讲。仅仅点燃企业家自己而不是真正点燃团队，仍然是一个经营者结构的那种高高在上，属于"经营最小化"。这种企业家往往不能够把思想系统落地，不会在实战中产生经营结果。

　　这两种极端化的倾向构成了一幅共同的图景，那就是：低的东西提高不上去，高的东西降落不下来。或者说：高的东西继续往高处走，低的东西继续往低处落，于是高低没有交集。这种情况在中医学上就属于"心肾不交"，也属于"知行分离"，而不属于他们口口声声说的

2013 年 7 月 19 日上午参观京瓷总部时与钱龙在稻盛先生铜像前合影

那个"知行合一"。这其实与阳明思想以及中华民族的传统思想完全是背道而驰的。

这种上下不交之象,在《易经》里属于"否卦",是大不吉。而上下相交之象,也就是高者下行,能够落地;低者上行,能够提升;那才是真正"知行合一"的"泰卦"之象,是吉卦,代表美好的未来。这才是企业家们希望改变命运以及发展的方向——向好的方向发展。

企业家们学习稻盛经营思想，所追求人生命运的改变以及企业命运的转变，一定是一种"否极泰来"的转变，即朝好的方向、正面方向转变，绝对不会有人想向追求"泰极否来"的方向转变吧！

然而为什么大家一回到企业现实之中，就喜欢反其道而做"知行分离"、上下不交的事情呢？也就是说，为什么喜欢"在哲学层面说哲学，在思想里面谈思想；在数字里面看数字，在结果里面评结果"呢？这种做法本身不就是自求不吉吗？不就是自求失败吗？如果按照这种方法，把企业阿米巴实验做失败了，那么责任到底应该算到谁头上呢？就如同，一个不按照老师要求去做的学生，如果出了问题或者考试不及格，那么责任到底应该算是谁的呢？

如果非要追究连带责任的话，那么企业匆忙实践阿米巴、导致失败之后，是否连西乡隆盛，连阳明先生，连传统文化都需要负责任呢？就像一个庸医没有看好病，连几千年的中医都给搭进去一样。现在很多人就是这样一个逻辑，混淆个体与整体，一叶障目。

我特别想告诫那些"在哲学层面说哲学，在思想里面谈思想"的企业家们，既然已经在内心认同稻盛经营思想，那么就不要再空谈什么企业哲学了。我在 2011 年公开讲座的时候，曾经特别强调：稻盛思想属于此哲学非彼哲学，经营哲学不等于一般意义上的企业哲学。一般意义上的"企业哲学"往往是"知行分离"的，然而"经营哲学"却一定是"知行合一"的。关于这些内容，在我即将面世的"学习稻盛和夫经营思想入门三部曲"的第三本书中，有详细讲解。

我也一直讲，稻盛经营思想的高度无需赘言，那个思想高度早就已摆在那里，多一个人或者少一个人"吹捧"其实也不再起多大作用，过分"神话"反而会对传播稻盛思想起到反作用。我强烈建议，企业家们扎扎实实地把稻盛经营思想在企业落地。如果通过学习稻盛经营思想，把一个企业成功落地的话，这比什么都强。中国企业界现在需要的是成功的样板，而不是"吹嘘"的样板。

需要提醒大家的是，我所说的是把稻盛经营思想落地，而不是我们的企业家们所想的赶快把阿米巴经营落地。这其实是两码事。因为阿米巴经营原本就是经营落地的内容，是稻盛经营思想体系中手法的部分。事实上，阿米巴经营的实施是需要与经营哲学、经营理念的落地相结合的。因为只有这样，才能够使阿米巴经营得到能量、得到"天道"动力的支撑。否则阿米巴经营就会成为无根之木、无源之水。是绝不会长久的。

让哲学落地，其实最需要的就是经营理念的上下贯通，也就是经营逻辑的部分，否则我们就很难把经营哲学思想真正转化成我们的思维方式。换言之，经营逻辑、经营理念才把经营哲学引导到实际经营操作的层面。我深感中国企业家们的逻辑思维能力，在这方面实在是太差了。这其实就是接通上下。如果缺少这一部分，那么"哲学思想就只能够停留在哲学层面，物质结果就只能够停留在物质层面"，两者也就无法真正实现"知行合一"。这样的话，绝对无法进行贯通。

幸运的是，在我这次参观稻盛和夫图书馆的时候，发现其实稻盛先生已经有大量的经营理念方面的著作，只不过中文版本的还比较少一些而已。比如我们所熟知的《经营十二条》中的许多条目，其实都是有单行本的，只不过我们之前不了解而已。因此我也特别希望曹老师能够帮忙多给翻译一些这方面的著作。还有稻盛先生的那些演讲CD、DVD全集等，我觉得目前还属于日本塾生们的偏得。中国企业家们现在缺乏的就是一种浸泡式的学习环境。然而这种浸泡式的学习环境仅仅依靠读书的方式是无法支撑起来的。

我们说，当今现代似乎已经不是读书的时代了，现在能够有认真读书习惯的人，到底还能有多少呢？指望企业家们在繁忙工作一整天之后还能够静下心来读书的想法，是非常不现实的。因此如果能够有更多的音像产品的话，那可就不一样了。在企业家们上下班的路上、在外出差的飞机上，如果有稻盛先生演讲的音像教材的话，那么这种浸泡式的学习方式就可以得以展开，学习时间也会翻倍。

试析塾生企业——小仓屋柳本的经营与问题

十六年的耐性

　　小仓屋柳本这家塾生企业位于大阪，是一家加工各种豆类制品的食品企业。这次参观可能是盛和塾为参加游学的某家食品企业特意安排的，我也有幸参观了这家企业。因为小仓屋柳本是加工豆类制品的企业，这让我不由想起世界大会上第一个发表的那位塾生——小豆岛经营柑橘橄榄的井上先生。这种联想源自于"豆"这个字。然而这种随意间的联想对比，却让我得出了一些有意思的结论。

　　我们这次参观的是小仓屋柳本位于大阪本部的一座 5 层楼。由于这座楼是在 1995 年阪神大地震的废墟上重建起来的，所以让人印象比较深刻。小仓屋柳本这家企业现在由柳本兄弟二人经营，公司的人员规模已接近 500 人。在日本盛和塾的塾生企业中，人员规模能够达到这种水平倒也不足为怪。

　　前面我谈及，在分析小豆岛井上先生的经营思路时，我是按照"经营人"与"经营事"这两个线索展开的。客观地说，如果从这两个维度上来看，小仓屋柳本这家企业在两条经营维度之间的平衡性方面，还存在一些问题。尽管柳本兄弟在学习稻盛经营思想的时候已经清楚地意识到：需要一只手哲学，一只手数字，然而在"经营事"产生实践结果数字的能力方面似乎还是显得有些薄弱，有些左右手不平衡。

　　柳本兄弟大概是从 1996 年开始从父辈那里接手小仓屋柳本这家企

业的，也就是在那次阪神大地震之后接手的。实际上从接手企业之初起，柳本两兄弟就不遗余力地开始向企业内部引入稻盛经营思想，时至今日，已经有十六七年的光景。然而即便如此，柳本兄弟仍然没有向企业内部引入阿米巴经营。可见兄弟二人着实非常有耐性、能够稳得住。

谈到十六年的耐性问题，让我忽然想起海底捞的总经理张勇。张总说他本人在海底捞传播"双手改变命运"那一整套企业理念的时候，也整整用了十六年的时间。这个十六年的时间跨度让我联想起许多。

"经营事"方面的薄弱

虽说仅用两三个月就忙着引入阿米巴会出问题，但十六年的时间确实有些过长。学习稻盛经营思想未必一定要引入阿米巴经营，但是小仓屋柳本在"经营事"方面确实显得有些薄弱。从这个案例来看，我个人认为，这种薄弱与没有适时引入阿米巴经营机制，还是有些关系的。

只要企业团队的动力充足，学习稻盛经营思想未必一定要引入阿米巴经营。然而，这种做法多多少少还是违背了平衡发展的原则。小仓屋柳本在"经营人"与"经营事"这双维度方面确实有些不平衡，让人感觉有些失去了"哲学动力＋市场动力"双动力驱动结构的平衡机制，因此，小仓屋柳本在经营成果、数字成果方面似乎一直处于一种比较薄弱的状况。这其实也是一种必然。如果企业的盈利水平长期处于 10% 以下的水平，就一定说明企业在"经营事"方面还存在着一些问题（注：我记得一个图表显示，小仓屋柳本的经营水平好像一直在 5% 的水平上，上下波动）。

即便在"经营人"方面有许多值得借鉴的地方，然而如果在"经营事"的业绩方面长期看不到经营成果，那么在"经营人"——打造团队方面——所取得的效果一般也很难持续。这就像前面发表的本田章郎先生在创业前两年的遭到赤字经营时，盛和塾前辈企业家所给予的严厉批评一样："会让你的公司无力保护你的员工和他们的家人！"

然而，小仓屋柳本能够有长达十六七年的持之以恒的精神，确实让我感到有些震惊。因为我们阳光100的一个业务团队也曾经遭遇过类似问题，不过好像更加严重。这就像本田章郎先生的赤字经营一样。企业的肌体一直在流血，然而经营者却没有痛的感觉，也一直见不到止血的效果。因此如果经营能力长期处于10%以下的水平，那么经营者确实就应该找一找原因。这是我认为小仓屋柳本这家企业所存在的问题。

比如，当随行的中国企业家们问及柳本兄弟是否有开拓中国市场的想法时，柳本兄弟的回答十分保守，他们只想先把日本市场一块一块做完之后再说。这也可谓是稳扎稳打，并无贪婪做大之心。当然也算是一件好事。

然而，从另外一方面也反映出，柳本兄弟在市场经营能力方面的欠缺，缺乏一种推动企业发展的忧患意识。或许等到日本本土市场全都啃完之后，那时再想进军世界市场已经为时已晚。

究其原因，世界市场的需求口味未必与日本相同，需要早些下手进行研究。既然已经拥有了一定的技术手段，那么就应该学会把这些已有的know-how横向扩展到其他国家的豆类食品加工领域中。这种异国需求特征其实是需要提早进行研究的，绝不是当日本市场做完之后，就可以自然而然地扩展延伸出去。如果不按照以客户需求为导向的"经营事"方式进行企业运作，企业早晚会遇到问题。满足于自己现有技术或者产品的思维模式是一种卖方市场的思维模式，属于不成熟的市场思维模式。

我认为，小仓屋柳本兄弟的横向经营意识是比较缺乏的，就像稻盛先生给做鸡蛋自动分选包装机的那位理工男南部先生所做的点评那样，"经营事"应该学习一种横向业务扩张的能力，不要把分选技术仅局限于一个单一行业。基于利他主义的横向扩张发展是没有问题的。依靠一种崭新技术横向扩张到其他领域，不仅会给社会大众带来新的福祉，而且还能够带动客户需求成本的降低，其实是一种利他行为，是一种大善之举。

"经营人"方面的可圈可点

在小仓屋柳本的员工还未开口，我们就已经感受到小仓屋柳本在经营员工人心方面的优势。在游学一行人从楼道步入交流会场时，我们看到墙壁上贴满员工们的各种书法作品。从这些作品中，我们就已经感受到这个团队积极向上、充满正向价值观的状态。

我认为，在"经营人"方面，小仓屋柳本确实有许多可道之处，值得中国企业家们学习。企业除了具有完整的企业社训、十二条行动指南等各种理念之外，小仓屋柳本还针对不同级别的企业人群展开一系列特别的培养培训方法和体系。或许让员工们感受到心性与能力的成长，是造就小仓屋柳本得以发展至今的重要法宝。

比如，小仓屋柳本有一个叫作 MARUYANG 笔塾学习会，是针对所有员工开展的，每期组织 15 人参加。还有一种小组活动，是在学习《致知》杂志之后，小组成员之间互相夸奖、寻找对方的优点。还有一些与学习知识、提升能力有关的活动。比如，举办学习食品知识的研习会；学习销售知识的"狂热销售"学习会；员工参与的企业战略发表会；采取全国各业务点联网方式进行共同学习经营哲学的公司晨会；针对公司管理层举办的领导力研习会以及有关管理、战略、会计学方面的知识培训。另外还给员工举办生日会等。无论是分级分组学习，还是整合全体上网学习，小仓屋柳本的学习条理非常清晰，针对性强，招数也很丰富。

谈到给员工举办生日会的活动，随行的企业成员提出一个问题：我们企业也为员工送生日蛋糕，然而为什么我们就得不到员工们的回报呢？

这其实是一个在利益化思维模式的驱使下才可能提出来的问题，而不是基于"作为人，何谓正确"的思维模式下提出的问题。如果给员工送生日蛋糕，不是认为应该这样关心员工，而完全出于一种利益交换、利益回报的思维——员工必须以努力工作的方式作为回报的话，那么这种思维方式是在表面上做"经营人"的事情，绝不会得到"经营人心"的任何回报。毕竟"群众的眼睛是雪亮的"，谁都能看明白"鳄鱼眼泪"的含义。这与"黄鼠狼给鸡拜年"又有什么两样呢？

提出这个问题说明什么呢？我认为，提问者的本意绝对如此。因为这样的问题经不起认真推敲。提出这种问题恰恰反映出，我们大多数人的思维是没有根的，也就是没有思维原点的，都是随性而来。然而学习稻盛经营思想应该学习的是一种经营之道，是一种体系化的思维方式。

在参观小仓屋柳本时的一个重要收获，就是让我忽然明白了"什么叫作创造价值"这个原理。这个原理进一步说就是，什么才叫作真正的创造附加价值？我们原本认为超越成本的部分就是创造价值。其实这是能力过去时的一种理解，是"经营事"方面一种理解。

那么，什么是在"经营人"、"经营人心"方面的创造附加价值呢？或者什么是努力未来式的价值创造呢？这实际上也是我在参观小仓屋柳本这家企业时突然萌生的一个感悟——创造超越价格之上的价值，才叫作真正的创造附加价值。也就是挑战高目标而实现的价值，超越常规目标。

　　这个认识，与我在试析宇坪启一郎先生"认为不行的时候才是工作的开始"的那个发表时所感悟的道理是一脉相承的——当用尽既有能力的时候才是真正努力的开始。换句话说，努力是超越能力的部分。同理，创造附加价值是超越价格的部分。这样理解，我们就可以将努力与附加价值创造地联系起来。

再说游学的缘起

感谢周围人的帮助

阳光100作为北京盛和塾的发起单位之一，对于盛和塾在中国的发展一直是比较关注的。在接触稻盛经营思想的最初两年，我与中国企业家们见面分享的机会比较多一些。由于这两年阳光100的阿米巴实践正处于攻坚阶段，许多问题还有待于突破和探讨，并不像外界想象的那样一帆风顺。再加上我这两年的精力更专注于广义领导力方面的研究，所以参加盛和塾活动与企业家们见面的机会就比较少了。当然这种情况从今年开始有所改变，因为我也希望有更多的机会能够与喜欢稻盛经营思想的企业家们分享。

稻盛和夫（北京）管理顾问有限公司副总经理郭红波曾经多次邀请过我参加盛和塾日本游学活动以及世界大会，但由于近些年我需要依靠轮椅才能行动，所以一直也没有答应郭总的盛情邀约。在这里特别提一下，我原本计划要参加2012年6月在重庆举办的稻盛先生论坛活动，但由于行动不便，最后不得不放弃。

过去由于工作的原因，在2005年—2007年，我曾去重庆30多次。那时换乘飞机往往需要坐摆渡车，登梯爬高的，实在让人有些后怕。即便在重庆机场这样门户的地方，都让人有种"地无三尺平"的感觉。因此阳光100易总就劝我不要去了。有次，白立新博士还特意替我打前站，细心观察整个线路，回来告诉我说还需要坐摆渡车、登梯爬高。

因此，对于那次重庆之行，我最后还是打了退堂鼓。

今年这次的盛和塾第 21 届世界大会，我早早就答应郭总，下定决心要去，因为这次太太能够始终陪在身边，这让我安心许多。另外加上国际航班的接泊保证，以及稻盛先生拯救的日航公司来照料航程，想必不会有什么差池。因此我早早就答应参加。另外我在几次盛和塾的公开讲座上也宣布过这一决定，因此也就没退路可言了。

后来又得知阳光 100 常务副总裁范小冲也要参加这次游学活动，还有为稻盛先生配音的那位钱龙老师也特意调到我所在的 B 团来帮忙关照我，因此对于这次盛和塾游学，我就更加信心满满了。毕竟这是我五年多以来第一次坐飞机出行，而且这种一周七天高负荷的行程，也是我五年多以来的第一次。然而这一路走下来，我不仅没有感到旅途劳顿，反而更多体验到了无微不至的关怀以及细致和专业的服务。就像钱龙老师讲的，一路上都是特殊待遇。我甚至还观察到许多不坐在轮椅上很容易忽视的现象，反而令我受益匪浅。

与范小冲（右）与钱龙（左）参加盛和塾第 21 届世界大会

经营在小

无论是以人为本还是以心为本，可不是嘴上说说的"以嘴为本"。就是因为我坐在轮椅上观察，所以对于专业服务文化的细节以及人文关怀的细节，我就像拿着放大镜一般地观察。然而这些细节，往往是走马观花的人们很容易忽略的。

什么叫作专业？什么叫作职业精神？什么叫作敬业？其实就是专注于细节，而且是重复性、反复性的专注于细节，而非随意性的、一次性的。那才算是有真正的服务精神。特别对于"后商业时代"以及以第三产业服务支撑的商业时代而言，只有精细化、细节可重复的专业服务才能够被定价。

学习稻盛经营思想的企业家都知道"定价就是经营"这个原理。这其实也是《经营十二条》的内容。然而"定价"其实并不简单，大家一般熟知的"定价"机制往往都与第一产业和第二产业的物质性产品有关。其实这都属于是一种"果思维"方面的"定价"，这种确实比较简单。然而真正到了"因思维"的定价、到了对看不见摸不着的服务"定价"的时候，也就是到了根据努力主义的"努力度"定价的时候，大家就全傻眼了。其实，专业化服务就属于这种定价机制。

从物质发展水平的层面来看，当今中国社会似乎应有尽有。比如宽敞的广场、高楼大厦、汽车高铁等等硬件设施都很齐备，然而软性的专业服务或者说关注细节的服务敬业精神却跟不上。这种情况和学习稻盛经营思想的中国企业家的做法别无二致。他们往往追求的是摸得着、看得到的企业规模，希望把企业做成一个空壳子，却不擅长追求企业内在纵深的东西。

我在讲解稻盛经营思想的时候经常给大家讲这样一个原理：经营在小，管理在大。这里的"小"指的是精细、细小，要求我们要注重细节。然而我们的企业家们却总习惯于抱着一种"管理在大"的思维方式去理解经营思想，因此有关经营本质的许多问题就很难理解透彻。

阿米巴经营的本质是在术上的核心，那就是划小。我在《阿米巴不是什么》一书中曾谈到：阿米巴的逻辑是"通过做小而做大"，而不是直接朝着"大"去做。如果直接朝着"大"去做的话，那么就不可避免地会形成一种边际效益递减的发展模式。这样做，迟早会触及到管理的边界、企业的瓶颈以及增长的极限。值得特别说明的是，这种发展衰减是从物质中性主义的角度来讲的。

然而，从积极心理学的角度来看，所谓的物质的边际效益递减，所指的其实就是一种开启趋向负向"发展"的消减式循环之路。这就像孩子学习一样。如果学习方法不对，就会越学越不愿意学、越学越讨厌学，属于一种负向循环机制；如果学习方法正确，就会越学越有意思，越学越愿意学，属于一种正向循环机制。积极心理学所开启的就是一种正向循环机制。

当今时代，非常流行"正能量"这个概念。然而，我认为"正能量"远远不如"正向机制"重要。因为无论你有多少"正能量"，如果是"负向机制"，那么早晚都会把"正能量"损害殆尽，甚至还会走入"负能量"水平。

大家知道，稻盛经营思想是注重点燃人心、使企业家的人生走向更好的方向、开启道德良知的思想。越看到自己努力的结果，越看到自己道德成长的经营结果，也就越愿意进一步的努力。这实际上就属于一种良性正向的加速循环，与物质边际效益递减规律完全是南辕北辙。如果按照物质成果主义的发展道路走下去的话，那么一定是会遭遇到"增长的极限"。这是由边际效益递减规律所决定的。其实1972年罗马俱乐部的一群智者们早在《增长的极限》一书中，为大家敲响警钟。可又有多少人能够真正认真对待呢？我在讲座中经常提到，管理方式的效果有限性与经营方式的效果无限性，其实也是如此。管理是管理下限，往往就容易形成一种"负向恶性循环机制"，把员工们的积极性都给管没了；经营是经营上限，具有无限的提升空间，是"正向良性循环机制"。

然而，一个企业如果能够真正按照稻盛思想经营和阿米巴模式运行，具体地说，就是如果企业真正把心思放在经营人心、经营上限的话，那么就不会遭遇"增长的极限"。然而如果要想真正能够达到这种无极限的增长，又恰恰需要借助组织划小来实现，而不是依靠大而笼统的思想或者直奔大规模就可以实现的。

事实上，在稻盛经营思想中，"大"只是一种成果，一种无需刻意追求而会自然而来的"果"，而"小"才是一种可以依赖的方法，扎扎实实、步步为营。这种方法即使回到战略学上讲，也是非常符合战略逻辑的。

正如大家所知道的那样，稻盛先生坚决反对成果主义。然而中国企业家们却习惯于从成果主义的角度去思考问题和提问问题。正所谓"菩萨重因，世人重果"。我曾经谈过稻盛思想有四个思想源泉，源泉之一就是稻盛思想具有浓厚的佛家思维方式。超越"果思维"就是一种体现。我曾请著名的禅意画家、也是我的忘年交范瑞华先生帮我写过"商海菩提"赠送给稻盛先生。我把这四个字赠送给稻盛先生其实也是别有一番寓意的。

在学习稻盛经营思想的过程中，需要注意两点。一方面，企业家们需要有正确的发心，而且发心应该符合"作为人，何谓正确"这一思想原点；另一方面，在行动过程中还需要符合"付出不亚于任何人的努力"这一基本原则。只要达到了"原点"与"原则"这两方面的要求，结果或者成果就会自然而来，不必强求。这种不必强求能够水到渠成的成果，就是一种没有发展上限的成果，一种好心一定有好报的结果。难道做好人还需要有上限吗？"通过做好人也能够做好企业"，这是最初打动我们阳光100的地方。

换言之，企业如果按照发心、努力、划小的发展模式走下去的话，企业经营发展规模的成果是没有上限的。因为正心正行一定就会结正果。而且这种正果，无论是对个人、企业、社会乃至整个人类，都是有益的，因为这是基于利他主义、敬天爱人而结出的成果，是有道德加持的，所以会被"天理"或者规律所承认的。

阿米巴经营如果能够解决"小"的发展问题，那么企业做大后也就不存在发展瓶颈了。关于这一点，绝大多数学习稻盛经营思想的中国企业家们其实不太懂得"经营在小"这一原理。只要把小的做好了，将来将小的果实积累成大，就不会再有什么问题，因为有道德加持。

阿米巴经营就是把"通过做小而做大"、"通过做人而做事"的原则作为正向加持的，唯有如此，才能够保证正向无极限地向上发展。如果小的都不能经营好，那想做大更是异想天开了。就像"一屋不扫，何以扫天下"以及刘备讲的"勿以善小而不为、勿以恶小而为之"一样，所有积善德而能够有所成就，都是从"小"做起的，甚至连"修身、齐家、治国、平天下"所遵循的都是"从小到大""通过做小而做大"的道理。

谈到"修身、齐家、治国、平天下"，在此顺便给大家提一下。正如世界大会第六位发表的宇坪先生所意识到的那样：在企业里，把稻盛经营思想一股脑儿讲给所有人、让所有人接受是不可能的。于是宇坪先生听从一位前辈企业家的建议，从自己身边那些与自己关系最好的人开始。这其实就符合"修身、齐家、治国、平天下"的道理，也就是从小到大、从少到多、从自身到他人的逻辑。这正是中华传统思想的智慧，也是稻盛思想的一个重要源泉。

然而如果企业家们不关注"做小"的话，那么可能就会像这次来游学的许多企业家们一样，在听了塾生企业的发言后，他们就会不屑一顾地说："这么小的企业有什么可说的呢"？如果仅仅从企业员工的人数计算的话，员工能够达到几百人的大企业在日本盛和塾企业中还为数不多。然而在中国企业里，似乎随便一个企业都是几百人的企业，因此就会把日本塾生们的发表不放在眼里。如果真是按照这种以规模衡量经营的逻辑来看，那也就不需来参加盛和塾世界大会了。

给大家举这样一个例子，也算是一个笑话吧。那年重庆举办直辖市10周年庆典，同时举办一个亚太市长峰会。会上中方问外方：应该如何治理现代化的城市？外方市长就问：你们城市到底有多大？你们有多少人口？当得知重庆拥有3000多万人口的时候，外方市长是这样回答的：这样的人口规模好像不是我这个做市长的人应该考虑的问题。这个问题好像是我们总统应该考虑的问题。

就像和田山英一先生在"经营不是仅仅扩大公司规模"的发表中所谈到的那样，经营的本质并不在于企业的规模，然而能够认识到"经营在小"这一规律是很难的。因此，我们必须给中国企业家们进行反反复复地灌输"经营在小"这一规律。学习经营不是来比规模的。游学企业家们必须清楚这一点。"经营在小，管理在大。"学习稻盛经营思想的企业家们是来学习经营的，那么就应该学习如何做小，那么就应该学习如何观察细节，从细微之处学习，切忌大而化之、笼而统之、走马观花、囫囵吞枣。

此次坐在轮椅之上的盛和塾游学之旅，让我学习到了如何做小、如何做精巧和精致，同时也感受到稻盛思想成长的这片精细化土壤。

没有人谈论阿米巴

概括地讲，以上给读者所谈的内容都是我针对世界大会塾生的发表或者现场参观学习所谈的一些具体体会，接下来，我想来谈一谈这次盛和塾游学的一些其他感悟，也算是在具体体会之外的一种升华吧。其中给我印象最深刻的是没有一位日本塾生企业家在谈论阿米巴。

关注领导力

在世界大会做发表的 8 位塾生中，没人专门谈论阿米巴的事情，即使提到这个名词，也只是一笔带过。大家谈论的都是自己在接触稻盛思想后如何使人生、命运以及企业经营理念发生变化的体会，以及找到自我人生目标和人生意义之后，如何通过自身改变，使企业理念、经营理念以及对待员工和困难等方面发生改变，进而激发团队员工工作热情的事情。然而与之截然相反的是，中国绝大多数加入盛和塾的企业家们，始终关注的只有阿米巴这个话题。好像要是不谈论阿米巴的话，他们根本不知道自己到底为什么要来学习稻盛思想。

换个角度来讲，阿米巴相当于中国企业家们前些年关注的执行力这一"术"层次的手法问题，而稻盛经营思想教给大家的是领导力的这一"道"层次的思维方式。那些一门心思只关注阿米巴的中国企业家们实际上仍然是在关注执行力的问题，然而团队的执行力提高不上去的原因往往不仅仅是团队执行力出了问题这么简单，而是带领团队的领导力出了问题。凡是强调提高执行力的人，往往希望改变的是别人或者手下的员工，然而只有意识到领导力出了问题的人、进一步说愿意提升领导力的人，所关注的往往是领导者自身如何改变以及提升领导力的问题。因此关注执行力还是关注领导力，这两者实际上是有本质差别的，有此岸思维与彼岸思维的差异。

遗憾的是，现在许多来学习稻盛经营思想的中国企业家们却还尚未意识到这一点，也不理解学习稻盛经营思想就是在学习领导力的思想。他们头脑中所设想的就是赶快教自己一个阿米巴经营的"绝招"，赶快让手下员工们的工作积极性一下子调动起来即可。在他们看来，稻盛先生的方法好像既可以不增加自己多少的额外费用，还可以让员工们"付出不亚于任何人的努力"为企业工作、为企业老板和股东多赚钱。这多好啊！可谓是又让马儿跑，又不让马儿吃草。

事实上，天底下根本就没有这等好事，企业家们不要再想吃这种免费的午餐。因为不付出就不可能得到。稻盛经营思想的核心是一种努力文化，通过朝着正确方向的不懈努力以及"付出不亚于任何人的努力"而取得成功，而且这种努力要求企业老板自己要首先做到"付出不亚于任何人的努力"。

努力创造价值

我在讲座之中经常讲"付出不亚于任何人的努力"，这句话是"齐家"——《经营十二条》的第四条要求，然而在企业老板自己"修身"提高的《六项精进》里却是第一条要求。所以，作为企业老板，如果真心学习稻盛经营思想，你首先要反思自己到底做到了没有。

许多中国企业家的脑子里想的根本不是"付出不亚于任何人的努力"，而是最好能"不付出努力或少付出努力就能获得成功"这样一种"努力最小化"的思维模式。这种"不劳而获"的思想或者想"少劳而获"的想法与稻盛经营思想的本质是南辕北辙的。不想通过努力或者付出就想获得收获的想法是天理不容的。在此想告诉大家的是，"不失者不得"是一个天理。这就是我在《阿米巴不是什么》一书谈到的"三把尺子"中的第三把尺子。

我这样讲，绝非是在给读者讲大道理。其实在设计阿米巴经营机制的时候，"努力创造价值"这一条非常重要。我在《阿米巴不是什么》一书中特别强调过阿米巴机制需要精细核算制。但仅仅有精细核算制还不能算理解阿米巴机制。

阿米巴经营化大为小、化繁为简的本质是什么呢？或者说，所谓"大锅饭"的弊病到底是什么呢？那就是各种因果关系错综地纠缠在一起，那么我的努力结果就很难看出来，或者说一个结果就很难看出来到底是谁的努力。这种错综复杂的因果关系无法鼓励大家努力。因为反正个人的努力也看不出来，个人干什么还要努力呢？

阿米巴经营化大为小、化繁为简就是为了在努力和结果之间建立起一种"一一对应"的简单关系。事实上，努力的结果并非要拿到物质奖励和计件提成才行，让大家能清晰地看到自己努力的效果才是最重要的。进一步说，将努力与努力的效果在逻辑上挂钩、做到因果关系上面的"一一对应"才是最重要的。如果我的努力变成了别人的成果、或者别人的努力变成了我的结果，任何人都会认为不公正。大家可以设想一下，如果我努力了才获得这样的结果，而另外一个人没怎么努力，然而却"天上掉馅饼"、走狗屎运，他的结果却比我还好。如果一旦发生这种情况，就一定会打击员工努力的积极性。

在设计阿米巴机制的时候，必须明白这个道理：一定要把不是通过努力而获得"天上掉馅饼"的事情给剔除出来。不失者不得是天理，因此我所谈的，并非给大家讲大道理，而是因为在设计阿米巴机制时是需要用到的。我在《阿米巴不是什么》一书中讲过这个原理：在计算阿米巴经营体收入时，千万不要把他人或者另外一个阿米巴小组所做的努力当作自己小组的收入。如果出现这种的错误就会很容易在团队中制造矛盾。

我的收入就是你发生错误的经济损失，因此我就拿着放大镜给你找错误。即使我不是这样想，对方也会这样认为。这其实都是管理的惯性思维。由于整体评价系统出现了问题，会导致企业团队的离心离德。起到的绝不是积极点燃的作用。

其实这种"把别人错误当作自己业绩"的做法，多多少少就是"天上掉馅饼"思想的一种变形，会极大地挫伤团队积极性与员工努力度。因此我反复强调：阿米巴经营机制一定要想方设法与人的努力度挂钩，凡是挫伤努力度、熄灭员工积极性的傻事千万不要做。

因此我奉劝那些还梦想"天上掉馅饼"的企业家，还是赶快醒醒吧！别再做白日梦了！因为"天上掉馅饼"的事情是违背阿米巴经营原理的。加入盛和塾可不是来学吃白食的！

或许许多加入盛和塾的企业家会有这种想法：这多好！来盛和塾学习，既能够无偿地学会经营之道，还不用支付咨询费。或者说，这多好！反正我只是一个中小企业主，我也没有钱。不用花钱就可以学会怎么赚大钱。如果你是抱着这样的目的而加入盛和塾的企业家，那么你可能什么都学不到。因为如果良知之心不动，善念不发，那么你是什么也学不到的。另外，大家可能已经注意到《阿米巴不是什么》一书的系列名称叫作"学习稻盛和夫经营思想入门三部曲"，这一套书是阿米巴的入门三部曲而已，"馅饼"也就只能掉这么多。

虽然我们已经反复讲过这个道理，然而还是有许多中国企业家搞不明白。你如果直接就是冲着阿米巴这个果实来的，而且还总是想不付出任何代价和努力就想空手赚大钱，那你就大错特错。盛和塾可不是教你空手套白狼、等待"天上掉馅饼"的地方。说句笑话，盛和塾的活动午餐并非免费，是需要交纳会费的。

阿米巴是后续动力

阿米巴经营属于稻盛经营思想体系中的一部分，需要根植于稻盛思想体系。也就是说，大家只有在掌握稻盛经营理念原理后，才能使阿米巴的经营成效锦上添花，继而向企业内部注入更多动力。换句话说，稻盛经营思想是点燃企业人心的初始动力和基础动力、主要动力，而阿米巴经营手法所提供的则是一种后续动力、附加动力。

事实上，当真正掌握稻盛经营思想后，是否使用阿米巴经营手法都无关紧要。就像我参观过的小仓屋柳本那家企业一样，十六七年也还没有使用阿米巴经营手法。所以说，如果企业的思想动力、基础动力很充足的话，或许就无需附加动力。就像汽车一样，四缸还是八缸都一样。

因此，阿米巴经营手法属于稻盛经营思想体系中锦上添花的东西，而不是能单独使用的雪中送炭的东西。如果可以把它当作一时的救命稻草，就更不可为了。

我一直讲，不学思想和原理、就只想把阿米巴当作管理方法来用的做法，那就像中学生学习数学时，不学原理和公式一上来就要做应用题一样，注定是会失败的。然而一旦自己的企业阿米巴实践失败了，一些人往往不会在自己身上找原因，反而认为是阿米巴和稻盛思想不行的原因。这样的归因是有问题的。这就是心理学上所说的归因系统出了问题——如果有了功劳则全是自己的，有了问题就都是别人的原因。成功了不会有任何感恩，失败了则全都是怨恨。

我必须反复给大家讲这个道理，那就是：第一，阿米巴经营只是锦上添花的手法，是不能脱离稻盛思想体系而一上来就单独追求并使用的；第二，如果大家希望知道阿米巴经营内容本身的更多内容，那就需要到上海京瓷阿米巴咨询公司付费咨询（注：现在打着阿米巴旗号做咨询的公司很多，希望企业家们能够擦亮眼睛），因为这已经属于进入企业具体业务咨询的层面。我义务传播稻盛经营思想，只能局限在这个思想层面，也就是入门层面，充其量也只能够给大家讲一讲"阿米巴不是什么"，而不会讲到底"阿米巴是什么"；第三，即便付费请阿米巴咨询公司，那么告诉大家，如果自己没有充分学习稻盛经营哲学和经营理念，而仅仅想通过阿米巴的业务咨询来包办一切的话，那么失败的概率是99%。

努力达到"后习俗水平"

在此我想借用一下哈佛教授科尔伯格《道德发展心理学》的基本原理给大家再解释一下。按照科尔伯格教授的理论，人的道德心理成长可以分为三个水平或者三个大的时期或者阶段（注：科尔伯格教授实际上细分为六个阶段），分别是A水平、B水平与C水平。A水平又称为"前习俗水平"；B水平又称为"习俗水平"；C水平又称为"后习俗水平"。

"前习俗水平"往往是通过强制、约束、管制来实现。也就是人们习惯称之为立规矩、做底线的阶段，实际上就是告诉一个成长中的人什么是"负面"、什么是不能够做的事情，属于是画红线。如果一旦去踩踏红线，那么这个人就会遭受惩罚和损失。"习俗水平"是正式的习得阶段，即人的正向学习阶段，是人们向好的方向迈进的学习过程。这个学习过程，必须有老师、有环境、有向正的方向所进行的教导引领。这个学习过程实际上也就是一种培养过程，是需要有友好环境的。遵循了"正"的法则就会受到益处。"后习俗水平"相当于一个人学习结束，已经能独立面对社会，可以在一个开放的外部环境中独立成长。根据科尔伯格教授的道德发展心理学的理论，并不是所有人都能进入开放外部环境中并具有"后习俗水平"的发展能力。

如果结合稻盛思想传播与学习实践讲的话，《阿米巴不是什么》一书实际上就相当于"前习俗水平"的角色，也就是告诉企业家什么是错的，什么是负的，什么是不应该踩踏的红线。如果踩了红线，大家是要付出代价的。因此我把自己工作的角色就定义为传播稻盛经营思想的"前传时代"。

那么大家想要进一步系统学习阿米巴经营思想，那就相当于要进入"习俗水平"，这需要有一个集中的、封闭的友好学习环境。这一阶段就是学习原理原则、学习公式的阶段。这实际上也就是盛和塾应该起到的作用。我看到日本盛和塾确实起到了这方面的作用，它给企业家们创造了一个能够当学生的学习环境。其实京瓷上海阿米巴咨询公司的集中授课也具有这种作用。我把这个学习阶段称之为学习稻盛经营思想、学习阿米巴经营的"正传时代"。这个阶段的核心任务是企业家们不仅仅要学到一些知识，更应该学会稻盛先生的做人方式、思维方式，以便日后能够成为成功践行稻盛经营思想的"小稻盛"。

然而如果能够在自己的企业中灵活自如地实践稻盛经营思想、成功践行阿米巴经营的话，那么自己遇到的各种问题就都能迎刃而解，就像自己会做应用题一样，这就已经达到"后习俗水平"，我称之为学习稻盛经营思想的"后传时代"。就像这次世界大会有位塾生发表的那样，已经可以把从盛和塾所学的全副武装拿到自己企业中进行"愚直的实践"。

然而正如科尔伯格教授早已指出的那样，并不是所有人都能在"后习俗水平"的环境中得到成长，有的人能成功，有的人则会失败。这和阿米巴经营在企业实践时会发生的结果一样。就像大学生从学校毕业后走入社会，并不是人人都会很成功一样。

中国企业家们的通病就是容易忽视稻盛经营思想的学习，也就是忽视学习"正传时代"、"习俗水平"的重要性，而一下子就跳到胜负难说的"后传时代"、"后习俗水平"。中国企业家们往往只承认手法的价值而忽略思想的价值或者思想的创造力量。

让经营落地

我一直喜欢举日航的例子进行思想价值几何的说明。比如稻盛先生拯救日航，在接手日航的第一年，稻盛先生只是向日航引入经营哲学与理念，而特意不引入阿米巴，以区分思想与手法的作用。然而仅仅依靠引入哲学与理念，就已把日航给拯救，就已能从稻盛先生接手之前的年亏损1800亿日元的企业变成盈利1840亿日元的企业，使日航成为全世界航空业的第一。这里外里的3640亿日元，实际上正显示出稻盛经营思想的价值与力量。

从中我们不难看出，即使是稻盛先生本人亲自拯救日航，在引入阿米巴经营手法之前，都需要花费一年的时间先行导入经营哲学与理念，那么我们企业家作为稻盛经营思想的学习者而言，在引入阿米巴经营之前，花费两三年甚至三五年的时间向企业内部引入经营哲学与理念，这时间还算长吗？

然而，中国企业家在得知稻盛先生的阿米巴经营模式之后（注意只是知道而已，连学还没有学）却没有什么耐性，往往只是知道五六个月后就开始引入阿米巴。难道各位真的比稻盛先生还了不起吗？果真如此，那就没必要学习稻盛思想，自己操刀即可。

关键问题是：如果自己操刀失败了，往往不是通过自我反省找原因，反过来还会把原因一股脑地推到稻盛先生身上，归罪于阿米巴经营不行。打个比喻，就像一个大学生自己不好好学习导致没能毕业，那么到底应该是学生自己有问题还是大学的问题？为什么其他学生都顺利毕业了呢？这个问题的答案好像很简单，然而一旦轮到我们企业家自己头上的时候，大家的判断似乎就不那么清醒了。这就是中国企业家们还不会走就要跑、没翅膀就想飞的毛病，这种做法哪能不摔跤呀？然而大家实际上却都在这样做事情。摔疼了应该自己找原因，不然就白摔了跟头，白白付出了代价。

　　这里面往往还可能涉及这样一个问题。那就是在中国，喜欢稻盛思想的企业家或多或少都属于有思想追求的一群人。我这里使用的是"喜欢"这个词，与前面把阿米巴经营视为救命稻草、百医灵丹，一上来就只冲着阿米巴而不知道要先学习稻盛思想的物质利益的人不是一类人。那种一上来就想阿米巴的企业家们实际上是属于只"知道"有阿米巴这么一回事的人，根本谈不上"喜欢"，因为在把阿米巴视为救命稻草时，根本谈不上是否"喜欢"阿米巴，只是有病乱投医而已。

　　在此，我想再说一说"喜欢"稻盛思想的人可能存在的问题。这些人或多或少都有思想追求、喜欢思考问题。然而这些人在学习稻盛经营思想时往往会有一个致命缺欠——容易思想飘在天上而无法务实的经营落地。换言之，他们往往"在思想上谈思想、在高度上谈高度"，而不知道如何经营落地的一群人。我多次讲，稻盛先生的思想高度无需赘言。如果我们是真正的稻米（注：稻盛思想的粉丝）的话，就应该在中国企业界多做出几家稻盛经营思想成功落地的案例来，那才是对稻盛思想传播的最大帮助。不要总意识亢奋地向上"吹捧"，那样做，只是借着讲稻盛思想而吹捧自己而已。真正重要的是经营落地。然而经营落地往往是那些喜爱空谈思想高度的企业家们的弱项。如果这种亢奋的空谈多了，一落地就会脓包破裂，那实际上就是在破坏稻盛思想，完全属于一种捧杀。这样做，不是在做好事而是在干坏事。

我反复谈到，稻盛思想是一把筛子，第一关是先把那些只抱着物质利益想法、重视手法的一拨人筛出去，而把那些能够认同稻盛思想的企业家留下来。其实这只是第一次过筛子。接下来还有第二次过筛子，就是把认同稻盛思想企业家中的那些只会"在思想里面谈思想，在哲学里面谈哲学"再筛出去。经过左右筛选两次之后，剩下来的就是德才兼备的君子型企业家了。

　　当然我们应该以变化的眼光对待人，不能把人一棍子打死。通过在盛和塾环境中学习，那个物质之心与空谈之心都有可能改变。心性提升后，就可以顺利通过筛子。

能够认识到经营的本质

把哲学变成数字才是经营

为了让稻盛经营思想在企业经营上落地，必须把在盛和塾的所学在企业经营上实实在在地体现出来，也就是必须让企业经营体产生正确的经营成果，这才是真正的学习，才是学会稻盛经营思想的体现。盛和塾的所学可不是光说不练的"嘴把式"。这次世界大会 8 位塾生的发表在这方面都有具体体现。他们能通过自己企业从经营数字的角度来说明问题。

也就是说，企业家学习到的经营哲学、经营思想必须结合企业实践落地，能传递使团队点燃的动力，把思想反映到企业的经营效果上。如果只是空谈思想，不见效果，那么点燃的效果是不可能持久的；当然如果只关注结果，而忽视思想动力的激励作用，"经营事"的效果同样也不可能持久。这实际上是一种互动的双重关系。

2013 年 7 月 19 日，在参观京瓷本部稻盛图书馆时，我看到的一段视频确实至今记忆犹新。那就是稻盛先生教导的：**把哲学变成为数字才是经营。**

这句话讲的实在太精彩！我们说，那些一上来就只关注阿米巴如何增加企业业绩的人，往往注重的只是数字结果、收益结果，属于"在数字上谈数字，在结果里面看结果"；而那些喜欢空谈思想而不知如何经营落地的企业家们实际上只愿意把思维停留在哲学层面，是

"在思想里面谈思想，在哲学里面说哲学"，而不知道如何将经营哲学转换成为具体经营活动的成效。其实这种两极化的做法都不符合真正的稻盛经营思想。"在数字上谈数字，在思想里面谈思想"都不是经营。稻盛先生讲的是："把哲学变成数字才是经营"。

我计划出版的"学习稻盛和夫经营思想入门三部曲"之一的《稻盛经营哲学与思想体系》中，我会讲述一个原理性的主题——关于稻盛经营哲学到底是一种什么样的哲学。我的命题是：**此哲学非彼哲学**。稻盛哲学具有浓重的东方传统思想的味道，与大家头脑中西方学术传统学中的那种哲学其实并非同一种哲学。我还有一个命题就是：**企业哲学不等于经营哲学**。许多企业锦上添花建立起来的"企业哲学"并不等于"经营哲学"。那些空洞的"企业哲学"往往是给企业家脸上贴金的，是企业家自我思想的一种包装，与利他主义无关，与企业基层每日践行的工作也没有什么关系，因此企业员工不会真心地接受，这种"企业哲学"完全是一种"知行分离"，是企业机体"上下分离"、心肾不交的产物。

然而实际上，稻盛先生的经营哲学具有"哲学＋经营"的双重含义，如果学习稻盛经营思想不能够真正实现经营落地的话，那么就不能叫"经营哲学"。也就是说，稻盛先生的"经营哲学"本身就具有一种东方传统思想——"知行合一"的属性，不仅仅要它作为研究对象用来"知"，还必须用来"行"。这样的"经营哲学"本身就能够产生经营价值。然而往脸上贴金的那种"企业哲学"却没有这个作用，因此我认为，"企业哲学"不等于"经营哲学"，而稻盛思想属于"经营哲学"。

以上这些内容其实都是我 2011 年公开讲座时的内容。我在 2011 年 10 月参加大连论坛时极其概括地讲过 40 分钟，现在土豆网上好像还可以查到相关视频。说句实话，"学习稻盛和夫经营思想入门三部曲"实际上就是把我 2011 年"稻盛经营思想体系"六七个小时的讲座更详细地总结出来而已，其中《阿米巴不是什么》是那个讲座的最后一部分——"阿米巴经营误区"。这部分内容，后来在山东勇进集团年中会讲过一次，后又在用友集团高管会上讲过一次，在这过程中内容逐渐丰富，最终成为现在读者所看到的《阿米巴不是什么》一书。

学习稻盛思想应当深入骨髓

话说回来，这次游学给我印象最深刻的就是每一位日本塾生都能够通过自己的经营实践，深刻地认识稻盛塾长的某些经营理念，并围绕着自己对经营理念的深刻认识展开发表，甚至会以某条经营理念作为标题而展开发表。从中让我感觉到，这些塾生确实是从自己企业的经营实践、经营收益中发自肺腑地畅谈自己对稻盛经营思想的认识。这些发表有血有肉，非常鲜活，一点儿都不空洞。这种有血有肉的体验，说明塾生企业家们已把稻盛经营思想学习的深入骨髓。

比如，发明第六产业概念的井上先生，对于产业纵深开发的经营观以及在开拓海外市场时所体会到的关于"哲学是世界通用的"这个道理。正是这些认识，使井上先生成功开拓了海外的西班牙市场；和田英先生一直以来很纠结企业的经营规模，直到自己有机会直接向稻盛先生寻求答案后才深刻体会到"经营不是仅仅扩大公司规模"，这个认识同时也是和田英先生的发表题目，说明深刻，刻骨铭心；作为理工男经营者的南部先生，他虽然经营意识较弱，但对人生哲理方面却有深刻认识。南部先生认识到人生"绝不放弃"的道理。这一条"绝不放弃"或许因为与南部先生坚持不懈的科研精神密切相关，所以他才体验深刻。这一条现在好像已成为南部先生企业社训的一部分——绝不放弃，相信自己，相信上天一定不会放弃我们。换言之就是绝不放弃，尽人事知天命；凤凰男桥本先生从消减费用入手进行企业改革，通过实施稻盛经营思想坚持"现买现卖原则"，解决公司长期存在的过期药品浪费问题，另外，他秉承"小善似大恶，大善似无情"的原则，解决公司因药剂师稀缺而我行我素、难于管理的难题；和田先生认为经营者不应"唱独角戏"，努力把公司资本金比率提升到30%~40%以上的做法——与"水库原理"如出一辙，也都属于自己在企业实战中的体会。因为是企业的实干家，所以就知道经营企业真正的痛；宇坪先生深刻认识到"认为不行的时候才是工作的开始"的意义，这一点我无需重复，因为我对"努力"与"能力"相互关系的分析已足够。本田章郎先生认为，在学习稻盛经营思想、让经营思想企业落地时，需要"愚直的实践"，这一深刻认识也是分量十足，绝对属于一条"千足金"的认识；天生具有经营头脑的龟井先生，给人的感觉就是拼命三郎，从16岁起就非常努力而不知疲倦。正像龟井先生自己所说的，自己脚踏实地实践着稻盛塾长"明天胜过今天，后天胜过明天"这句话，因此龟井先生对"付出不亚于任何人的努力"这一条的感受最深刻，因为自己一直就是这样做的。

我在参观小仓屋柳本时，得出"创造超越价格之上的价值才叫作创造附加价值"、"一手哲学一手数字"的认识也是很有意义的。尽管我还没有能够完全做到"一手哲学一手数字"。

这些日本塾生企业家在发表或交流中，所表现出来对经营本质的深刻认识，都是基于对稻盛经营思想扎实的践行中得出来的，绝不是仅仅局限于思想层面上的空谈，都是一种有过痛的感觉，都是在经历过人生考验后才能感悟到的。属于"痛并快乐着"。中国企业家所需要的就是这样一种具有实战意义的交流环境。中国的盛和塾其实也应该建设成这样一种能让企业家们可以互帮互助的学习交流环境。

我发现这次盛和塾游学确实让我学到的都是实战派的经验。如果系统总结一下，会学习到许多向企业内部传播稻盛经营思想的方法。

除了以上给我教育深刻的几句话外，在这里我还想给大家补充一句话，那就是我在 2013 年 7 月 16 日下午听到上海京瓷藤井总经理讲的：**经营是讲给经营者的**。这句话也非常有含金量。弄一堆职业经理人到盛和塾里来凑数是没有用的。面对这些混杂的人群，我真不知应该如何讲，毕竟企业家的需求与经理人、管理者的需求是不一样的。企业家或企业老板自己接受和学会稻盛经营思想是首当其冲的事情，而如何改造自己的企业团队以及如何改变职业经理人和管理者是下一步的事情。

把职业经理人、管理团队弄来而企业老板自己却不来，或者企业老板跟着一起来，这都是有问题的。就像医院的大夫给人看病，咱们能看集体病吗？不得一个一个来嘛！就是这样一个道理。

体验人生转型

我前面已经谈到，这次世界大会的塾生发表根本没有人谈阿米巴的问题，谈的都是企业家们在自己接触稻盛思想后的人生转型经历，也就是自己人生观、经营观发生转变后的体会。这是他们一个非常共性的特点。其中潜在逻辑就是说，企业经营状况的转变都是企业家自我人生观转变后的一种结果而已。企业经营结果是企业家思维方式的一种反射。因此我反复讲在盛和塾世界大会上根本就没人谈论阿米巴，都在谈论人生转变，感慨稻盛思想给自己带来的命运转变，感恩人生转变。他们流露出来的是对稻盛先生的感恩之心。

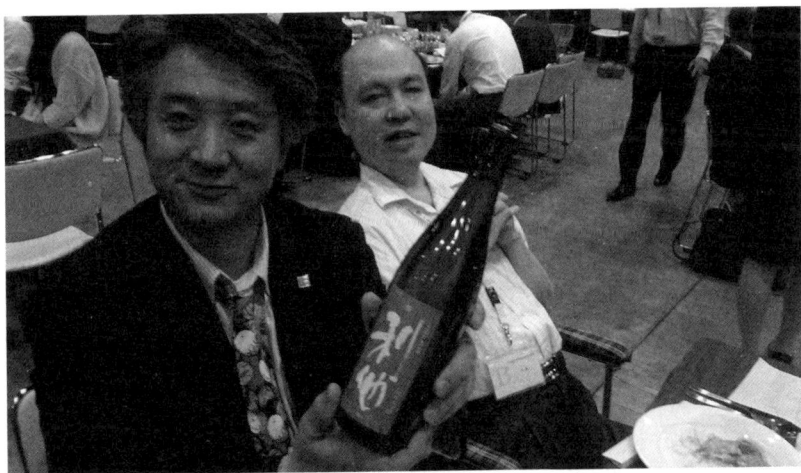

在盛和塾第 21 届世界大会恳亲会上钱龙先生（左）手持利他酒

态度决定命运

人生观改变了，自我人生改变了，命运改变了，于是自己人生的意义、自己对企业的态度、自己做企业的目标以及对团队员工的态度，也都全随之改变。然后企业的经营状况当然也就随之改变，所有的努力就越来越朝好的方向发展。

这是一种因果必然的关系。企业家人生观的转变是"因"，企业经营状况的转变是"果"。学习稻盛经营思想就必须学会从"果逻辑"向"因逻辑"方面的思维转变，也就是学会从此岸思维"经营事"向彼岸思维"经营人"的转变。无论是提升自己的心性，还是转变到关注员工方面，都是"经营人"的范畴，属于彼岸思维。

然而中国大多数企业家似乎还意识不到这一点，既没有在"因逻辑"方面改变自己，也没有为改变自己的价值观做好准备，而只是一直兴高采烈、意愿满满地在准备去改变别人、改变自己的手下，因此还是一上来就直接冲着迎接阿米巴经营之"果"而来，一味地想如何提升业绩。也就是说，这些企业家仍在第一把尺子层面上思考问题，始终围绕利益转。

其实这还涉及一个人是否相信人生具有命运属性这一基点问题，也涉及如何理解与稻盛思想关系密切的《了凡四训》一书意义的问题。因为大多数中国人现在已不相信命运这回事了，大多数中国企业家也根本就不相信命运对企业家的意义。因此在接触到稻盛经营思想后，许多企业家就很难承认稻盛经营思想使企业家自己的命运发生改变的这一现实。

物质利益化的思维，往往把自己命运的改变仅仅归功于自己努力的结果或者自己能力的发挥，成果完全是一种自我向己归因，其结果就是很难产生感恩之心。按照心理学的原理，这就是思维上的归因系统出现问题——凡是好的都是自己的，凡是问题都是别人的。成功是自己的原因，失败则都是别人造成的。

在这里，我还需要给大家解释一下"企业转型与企业家转心"的话题。我在《我所理解的西点领导力》一书中将给读者阐述详细内容。其实《我所理解的西点领导力》一书的七八成内容已经完稿，因此我在这里就提前引用一下相关内容。

告诉大家，在两年多前，本人在传播稻盛思想的时候曾经提出过关于"企业转型与企业家转心"这样的概念。然而几个月之后本人就不使用这个概念了。那么这到底是为什么呢？

本人发现，要想让一个已经是成年人的企业家改变已经形成的价值观、人生观，那实在是太难了。让"企业家转心"这种事情其实我们根本做不了。其实稻盛思想就是一把筛子，能够把那些在内心深处认同稻盛思想的企业家给筛出来。如果在内心深处不认同稻盛思想，那么无论我们做多少努力，那也不会使"企业家转心"的。

在认识到改变成年人价值观的难度后，也就是在认识到"如果企业家良知的种子已经不在了的话，我们这些稻盛思想的传播者实际上是无力改变人心的"这个特点后，我也就很少再谈论"企业转型与企业家转心"这一话题。作为稻盛思想的传播者，我们其实根本没有这个本领。

能够使企业家的良知发生转变的只有稻盛思想。稻盛思想就像一把筛子，有筛选良知的能力，只有它才有那样的使命，绝非我们这些人的本事。大家一定不要把改变人生命运的这个因果关系，错误地转嫁到我们这些思想传播者的身上，就像能把"坏孩子"转变过来是稻盛塾长的本事，是京瓷哲学的力量。

只有人心转变，人生才能发生转变。也就是说，能够撬动人心那才是改变命运的力量。现在许多人都在讲"态度决定命运"，其实和

"人心改变命运"的道理是一回事。

系统学习稻盛思想的读者们，都应该知道《了凡四训》的故事。这个故事与先承认命运后再改变命运的机制有关。其实我还可以给大家讲一个丘处机因修道而转运的故事，这个故事想讲述的道理与《了凡四训》的故事告诉我们的道理是相同的。不相信命运的读者，大家就权当作故事来听一听吧。

丘处机改变命运的故事

据说，丘处机早年请过一位易学大师给算命，丘处机被告知他的阳寿只有 30 岁，会因饥饿而死。这是丘处机在走入修道前请人算的命。就因为有这个"命中注定"的影响，给丘处机的修道过程造成了许多障碍。丘处机在修道过程中总是"寻死觅活"的。

好在是丘处机最后还是战胜各种干扰，成功修道。或许是因为丘处机尘缘未了，他就去找当年那位给自己算过命的易学大师，说："你重新给我算算命，看看我的命运如何？"结果算出个"大贵之命，前途无量"。

其实这时丘处机已年过 30，于是丘处机"得理不饶人"地提起早年那段算命的事情质问："你不是算我阳寿 30 岁，随后饿死吗？我怎么年过 30 岁还活得好好呢？怎么现在什么又都改变了呢？"据说这位易学大师从前确实还都没有过失手。

面对丘处机的质疑，这位易学大师讲了这样一段充满东方哲理的话："一方面有一个相由心生的理，也就是什么样的心性、什么样的心理就会生出来什么样的面相。"这与"态度决定命运"的道理其实是一样的。"再有一个方面，所谓江山易改、本性难移。这又是一重道理。也就是说，要让一个人改变自己的本性，提高自己的心性，那实在是太难了。就是因为人的本性难改，所以命运也就不会变，因此以相察命、以相知心那是不会错的。"

然而丘处机的命运为什么会发生改变呢？其实并非易学相术不准，而是因为丘处机的心性已经完全改变，"态度决定命运"。人生的态度既然已经改变，命运当然也就随之改变。就像那位易学大师所言："丘处机因为本性改变了，就相当于变成另外一个人，因此命运也就随之发生改变。"

大家容易接受"态度决定命运"这句话，然而换成佛道修炼故事后为何大家就不愿意接受了呢？就像某著名小品里说的台词那样，难道穿上马甲就不认识了吗？

这次盛和塾世界大会所有塾生的发表都印证了"心性改变命运"这一点：唯有心性价值观发生转变，人生命运才会发生转变，企业的命运、企业发展或者企业经营的结果才会发生转变，才会朝好的方向发生转变。这就是"转因而改果"的道理。

稻盛先生在《活法》中文版本发行 50 万册北京庆典活动上所做的"人为什么活着"的演讲，就包含着这方面的道理——承认命运，改变命运。"人为什么活着"的演讲充满着一种"将来时"的逻辑，实际上就是一种改运的逻辑。这是在承认"敬天爱人"法则后的改运逻辑、努力主义，属于建立在第二把尺子、第三把尺子上的努力主义。

然而对于大多数中国人而言，从逻辑上讲，这好像是一种"负负得正"的逻辑——不相信有命运、需要"敬天"这回事，只相信通过自己能力和自我努力可以改变一切。功劳永远是自己的。这就属于心理学上所说的归因系统出现问题——"自我服务偏差"。

大多数中国人所奉行的"努力主义"实际上属于第一把尺子中的利己思维的"努力主义"，与稻盛先生利他性的"努力主义"根本不是一回事。因为原本就不相信命运，那么就不会承认自己的命运能被改运，更不会承认因为自己学习稻盛思想而导致自己的命运发生改变。这种思维方式导致的一个非常严重的后果，就是缺少感恩之心。这样薄情寡义之人，是很难被点燃人心的。

另外需要读者注意的是，基于利己思维的"努力主义"实际上不能视为真正的"努力主义"，因为利己思维所追求的是一种"努力最小化"而不是"努力最大化"的逻辑。也就是说，如果能够少努力或者不努力就可以获得成功那是最好的。最好就是"天上掉馅饼"、"不劳而获"或者"少劳多获"。这是一种利己属性的"努力主义"。然而稻盛思想的"努力主义"则是一种"努力最大化"。这其实也是必须将"人工费"从费用中扣除的原因。"人工费"不应该属于"最小化"的范畴。

心理学的ABC法则

•A事件   •C结果
•B想法

图1

上图ABC中的A（Adversity）代表负面或者不好的事件，B（Belief）代表负面事件发生时内心自动化的悲观想法，C（Consequence）代表负面事件的负面的感受与行为。

•A事件———→•C结果
•B想法

图2

一般人认为，负面事件 A 导致负面结果 C，如上图 AC 连线所示的因果关系，也就是事件直接产生结果。

图 3

然而心理学家却不这样认为。心理学家认为，其实是事件 A 影响想法 B，然后想法 B 导致负面结果 C，而不是由事件 A 直接导致 C（图2）。所以心理学家认为，要想改变 C，就必须改变 B，也就是将悲观的想法转变成为一种乐观的信念。

其实这就是"态度决定命运"的原理，也是在盛和塾大会上第五个发表的和田一仁先生传达给我们的信息："让负面事件产生正向价值"、"提高心性 拓展经营"。"提高心性"属于 B，是心态的转变，"拓展经营"属于 C，C 这个结果自然而来。这些道理全都是相通的。

我一直说，稻盛先生把人性（心性）、人心（心理）分析得很透彻，所以激发人心才能达到游刃有余的程度。想必稻盛先生并没有学过心理学原理，也没有接触过 ABC 法则，然而稻盛先生对心理的认识绝不逊色于任何一位心理学大师。更胜一筹的是，稻盛先生把他对人性的认识成功应用到自己的企业实践中，缔造出两家世界 500 强。这是任何一名心理学家望尘莫及的。

反过来讲，心理学真是个有价值的学科。我强调过多次，西方心理学、伦理学、社会学、行为学、组织学、经济学、管理学、决策学以及领导学等知识确实能为我们企业家学习稻盛经营思想铺设台阶，缩小每一步的差距。这本身符合阿米巴的经营逻辑。因此，我希望能帮助大家多做一些这方面的工作。下面请允许我就"感恩机制"的形成给大家分享一下我的看法。

感恩机制与积极心理学

关于感恩之心的形成机制，我一直想找一个机会给大家分享，至今还没想好在哪本书中讲，反正早晚要跟大家分享，那就在这里讲吧。这个感恩机制实际上可以看作 ABC 法则的另外一种表述方式。所以如果能明白 ABC 中的核心 B 具有什么属性，那么也就明白如何促成心怀感恩的正向循环机制的形成。

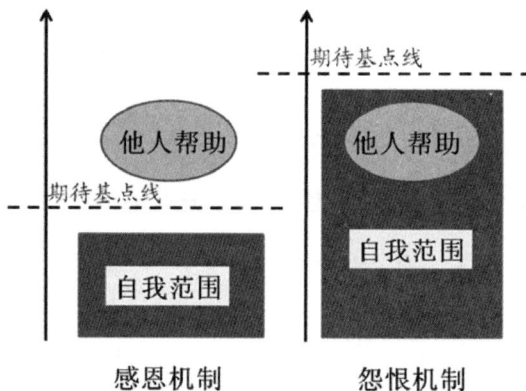

图 4

如图 4 所示，左侧是"感恩机制"，右侧是"怨恨机制"。黑色矩形区域代表的是自我努力或自我可控的范围，而浅色的椭圆区域代表的则是他人的帮助。横虚线是自我期待的基点线，实际上反映的就是 ABC 法则的 B 值水平。基点线以上代表"天上掉馅饼"的外力或外部帮助，基点线以下代表"完全自我努力"，是真正可以期待的力量。也就是说，不应该把外力因素计算在内。外部机会和他人帮助完全是锦上添花。

那么对于"感恩机制"而言,"自我期待基点线"的位置放得比较低,低到"他人帮助"之下。也就是说,做任何事情,仅仅依靠自己的力量和自己的努力。如果他人不给自己提供帮助,那么也无所谓,因为我在做决策时也没有把"他人帮助"计算在内。我把他人不提供帮助、完全依靠自己当作自己做事的常态。如果外部提供了帮助,这就属于带来额外价值,超出预期,那么我就会心怀感恩。因为我原本并不期待他人帮助。如果他人提供了帮助,那么我就一定心会存感激来回报。这种"帮助与感恩"之间就会形成一种正向良性互动循环。

相反,对于"怨恨机制"而言,大家注意,"自我期待基点线"的位置放得比较高,高到"他人帮助"之上。也就是说,做任何事情,我都必须把他人帮助、外部力量计算在内,"他人帮助"是被涵盖在"自我范围"之内的。也就是说,无论做任何事情或做任何决策,我都把"他人帮助"计算在内。我把他人提供帮助当作一种必然的常态。

在这种机制下,如果外部提供了帮助,那么对自己而言,认为是理所当然的或者必须的,因此不会心怀感恩。因为我原本就是这样期待的,好像所有人都必须帮助找,天下人都欠我的一样。如果他人没有提供帮助,我在做事情时就会失败。因为只有加上那些帮助因素自己才有可能把事情做成,如果"他人帮助"没有按照自己所期待的出现,也就是图4右侧的"自我范围"中被掏了一个大洞,事情当然不可能取得成功。于是自己就会对自认为应该提供"他人帮助"的人心存怨恨。这种"无助与怨恨"之间就会形成一种负向的恶性互动循环。越怨天尤人越没人帮助,最终越会怨恨一切。

综上所述,"感恩机制"认为别人不提供帮助属于正常。所以如果别人真的不提供帮助,自己也就泰然处之。如果他人提供了帮助,那么自己就心怀感恩;然而"怨恨机制"认为别人提供帮助属于正常。所以即使别人真的提供了帮助，自己也无所谓，因为他认为这原本就是应该的。如果他人不提供帮助，那么就会心怀怨恨。

"感恩机制"与"怨恨机制"的形成原因就在于"自我期待基点线"的高低。期待设置高了，把所有好处都归自己，实际上也就是利己思维的体现，那么就容易形成一种负向心理循环机制，就会越想越想不开，越想越认为全世界都对自己不好，甚至诅咒老天爷不给自己机会。只有把自我期待水平设置低一些，才不会怨天尤人，形成乐观知足的品行，开启正向心理循环机制，进而使人生走向幸福与光明。

心理学 ABC 法则讲的是"想法 B"导致"结果 C"，其实就是降低自己的欲望水平，降低"自我期待基点线"。这是开启积极心理、善性循环的最好办法。让自己开启善性循环还是开启恶性循环，让命运向上走还是向下走，办法其实很简单，放下即可。

儒家讲克己复礼，道家讲清心寡欲，和我这里讲的降低"自我期待基点线"都是一个道理——知足常乐。

浸泡式学习环境

学习经营之道、学习稻盛经营思想需要有一个良好的学习环境。具体地说，就像学生学习需要有学校一样，这个环境需要具备被我称之为"友好环境"的条件，能把企业家们当作学生一样浸泡在其中的高密度、高频度的学习氛围。盛和塾所应该承担的作用以及所需要肩负的责任可能比一般的学校还要大，因为在这里，不仅仅学习一些经营知识，更需要转变成年企业家们的价值观和人生观。如果仅仅学习知识，那就比较容易，找个咨询师来讲讲足矣。然而盛和塾的意义却并非如此。

在心理学上有一种说法：要想让人改变一种习惯，需要至少23次的反复提醒，才能发生习惯的改变。因此，要改变某种习惯，必须在一定时段内进行一种高频度、高密度的反复提醒与训练。

浸泡式学习方法

我在学生时代曾发明出一套高效的学习方法。它的核心是频度学习法，是一种符合人体大脑记忆规律的学习方法。因此如果想要帮助企业家们改变人生观、改变企业经营观，那么也需要这种频度学习方法，需要有一种建立在友好环境中的频度学习方法。我称之为"浸泡式学习方法"。

树立人的世界观和人生观原本是件非常困难的事情，那么要改变已成年的企业家业已形成的利己世界观，则更是难上加难。因此如果不采用浸泡式的学习方式的话，转变人生观和经营观基本上就属于是一种不可能实现的任务。

比如，如果盛和塾只是一个月或者两三个月才举行一次活动的话，那么基本上就无法改变企业家的价值观。在盛和塾学习或举办活动的环境中，企业家们也许感觉还不错。因为在这种友好环境中，企业家们的思想好像被清水洗了一遍，会发生一些转变。然而一旦回到现实社会追名逐利的洪流，回到商战的名利场，那么思想清水洗刷的作用就会很快消失，思想就又回到原来的状态，利己思想全都回来，回到一种利益得失的思维上，而大脑里的利他思维则会完全消失。

为什么会是这样呢？这是因为每时每刻接触的都是物质利益之人，都是被欲望驱动的人群。在这样险恶的环境中，所谓滚滚红尘，人心能不被带动吗？凭借那一点学习功底是不可能抗拒的。因此这种点滴式的学习、撒胡椒面式的学习方式无法发挥作用，也不可能取得成效。刚被洗干净一点的思想又被污染了。

为了避免这种情况，就必须想方设法地加大盛和塾的学习密度，也就是说，必须给企业家们创造一个可以经常浸泡在其中的友好学习环境。关于这种浸泡式的学习原理，我在《我所理解的西点领导力》一书中会有更详细的分析。本书就不再展开讲述。

浸泡式学习环境的要义

浸泡式学习环境其实还涉及另外一个相关话题，就是浸泡式学习环境属于给企业家们创造的一个可以放下身段来当学生的学习环境，而不像企业家在自己企业内部的那种感觉。在企业环境中，企业家必须总是一种高高在上的姿态，总是在指挥别人、教导别人应该如何如何学习，摆出一副导师的面孔。其实都是戴着面具在讲话，而不能放下身段来进行真正学习和平等交流。

　　而盛和塾却需要具备这样一种功能——让企业家们来当学生，让企业家们能够像回到学生时代的那种学习方式。比如，像第二位发表的和田山描述的那样，他说自己"像初中生一样，心里充满了蓬勃的朝气，然后一路小跑着去学习"。通过日本塾生的发表不难发现，盛和塾提供浸泡式的学习环境具备这个特征。日本盛和塾的各个分塾都具备这样的学习功能，这的确为塾生企业家们提供了可以经常性存在的学习环境。

　　这种学习环境还体现在稻盛经营思想的图书方面。在日本，有大量稻盛先生的出版著作，可以全方位地指导企业家们转变思维。我在参观稻盛图书馆时，就发现有许多书籍在中文版本图书中还没见到，比如，《我的方程式》、《认认真真地度过每一天》、《心想才能事成》、《描绘梦想》、《我们的人生目的》、《走人间正道》、《始终保持谦虚》、《始终保持乐观开朗》、《迷恋工作》、《脚踏实地坚持不懈》、《贯彻完美主义》、《不断从事创造性的工作》、《坚持正确的为人之道》、《成为漩涡的中心》、《统一方向》、《做出无私的判断》、《思想具备强大的力量》、《渗透到潜意识之中的持久愿望》、《追求人类的无限可能性》、《乐观地构思、悲观地计划、乐观地实行》、《以心为本的经营、心灵造就伟业》、《信赖源于自己的内心》、《以大家族主义开展经营》、《贯彻定价即经营》、《彻底贯彻销售最大化费用最小化》、《燃烧斗魂》、《改变所处的世界》、《为社会为世人尽心尽力》等等。

　　在以上这些书名中，我最重要的发现是有许多都是《经营十二条》中的条目，这些都是有单行本的。我感觉这些著作确实急需给中国企业家们翻译过来。关于这一点，我特意向曹岫云老师转达了我的看法。然而，较之稻盛先生著作的其他译本而言，已有的中文版本书籍确实已经为数不少，但我仍希望相关人士能够更加把劲儿。

我特别喜欢稻盛先生《创造高收益》经营问答的那几本书。这句话我说过不止一次。为什么呢？那就是无论塾生企业是什么样的行业、处在什么发展阶段，对于企业家们提出的经营问题，稻盛先生都可以从具体问题入手，然后把大家的思想引导到经营之道的原理原则上，回溯到"作为人，何谓正确"这个利他主义的原点上。因此我特别希望曹老师能够组织人力将稻盛先生在塾长例会上的那些经营问答给中国企业家们多翻译一些。这些实战性的经营问答能把中国企业家们的思想给浸泡得更深一些。

　　另外，盛和塾出版的系列杂志也很有意义。我们从世界大会塾生们的发表中也看到盛和塾杂志对塾生们系统学习稻盛塾长思想的作用。虽然国内盛和塾已经有类似做法，但如果能做一个文章分级系统就更好。还有日本盛和塾各个分塾每天都举行各种各样的读书学习会，这其实就是一种半强迫似地使企业家们进入学习角色的一种友好环境。因为人都是有惰性的，完全依靠企业家自己学习是绝对不够的，很容易给自己找个借口放松。

　　日本塾生企业家们还有个得天独厚的条件，就是塾长例会，通过例会，他们能经常聆听稻盛塾长的教诲以及塾长与塾生企业家之间的经营问答。而我们中国企业家不具备这种条件，因此我希望有更多塾长例会的经营问答能翻译成中文。

　　浸泡式学习方式中，最重要的一种是语音方式。说实话，当今这个时代，真正有阅读图书习惯的人其实已经不多，没多少人愿意读书，但看电视、上网以及听音乐的人倒是不少。因此我认为，多提供一些稻盛思想的音像产品才是传播稻盛思想最有效的方法。

　　为此，我特别建议东方音像出版社的许剑秋社长多出版一些音像产品，比如语音版的《活法》，给中国企业家们多提供一些浸泡式的学习产品。谈到语音化学习，这还涉及关于"有意注意"与"无意注意"

的问题。我估计无论你多么专注，"有意注意"获取每日信息的充其量也就是 20% ~ 30%，这可能还得对专业学生而言。然而更多的信息属于"无意注意"地接收。如果一个人不会开发"无意注意"，让其产生更多的价值积累的话，那么这个人的学习能力一定不会太高。其实中国准妈妈们所提倡的胎教，就是最典型的"无意注意"的学习方式。据说甚至连奶牛在"无意注意"听音乐后都会多产奶。这也是一种使用"无意注意"创造价值的典型事例。

参加盛和塾各种学习会、读书会、交流会以及塾长例会，都属于"有意注意"的学习方式，提供一种语音化的学习环境，也属于"无意注意"的学习方式，其影响效果可能会更大。比如，日本塾生企业家们可以得到整套稻盛塾长演讲的磁带、CD、DVD 等，一套就有 50 卷、50 盘。

正如我之前给大家讲过的，如果把稻盛先生的演讲制成音像教材的话，那么企业家们在上下班的路上或者出差往返的飞机上，就可以开展这种浸泡式的学习。这种学习时间和学习效果就可能会成倍提升。这种学习方式才容易深入骨髓，能进入潜意识，才能在无形中逐渐地改变企业家们的价值观和思维方式。

洗涤灵魂

所谓改变价值观就是洗涤灵魂（洗脑），让自己的思想向好的、干净的、正向的、利他的方向发生转变。然而中国人似乎很厌恶"洗脑"这个词，好像每个中国人的思想都已很独立和干净，不需再被净化似的。

中国人为什么惧怕"洗脑"呢？其实也另有原因。大家被前几十年的政治运动给搞怕了，因此特别恐惧"洗脑"这个词。这种惧怕思维和"一朝被蛇咬，十年怕井绳"的想法如出一辙，属于一种思维的误区。就像南部先生发表时给大家指出的"金钱原本没有罪过"那样，事实上，"资本充满罪恶"是让物去替人顶罪。物质是中性，原本无善恶可言。有善恶的是攫取物的人，而不是物本身。

"洗脑"亦然，它只是一种方法和手段而已，属于中性，本身并没有什么过错。就像一个容器、一个碗一样，你装了金子，它就是一碗金子，你装了毒药，它就是一碗毒药。那个碗本身别无选择。

因此"洗脑"本身并没有什么不好。洗干净本身其实是件好事。比如我们每天洗手和经常洗澡。所谓"洗脑"或者更广义的"洗涤"，其实本身并无好坏之分，关键看你拿什么东西来洗。如果使用的是比自己更干净的东西来洗，那就是一种好的洗涤或"洗脑"。当然这种"好"，必须对方自愿接受，不能够强迫。至少进入所谓的"习俗水平"（正传时代）后，应该是自愿的、且让对方受益。

相反，如果用更脏的东西来洗，那就是一件坏事。这完全不尊重个人意愿。所以我认为学习稻盛思想不能强迫。稻盛思想本身是一把筛子，能接受的就来，不能认同的就走。不能强迫，也没必要辩论。因此在盛和塾讲座时，我绝不回答质疑性的问题。争论个谁是谁非又有什么意义呢？你如果要是不认同，那就没必要来学。强扭的瓜不甜，没人逼你、强迫你学。你喜欢用其他方法运营企业是你自己的选择。佛家还讲"佛渡有缘人"。

事实上，用稻盛思想这样的清泉，帮助大家洗涤一下自己非常混乱、浑浊的思维意识，的确是一件好事。这就像洗澡一样。有的人不爱讲卫生，一直不愿意洗澡。但人只有洗完澡，才会感觉舒服。只有那些让稻盛思想洗涤过的企业家才会有思维清新、舒服的感觉。那些没经历过灵魂洗涤的人，根本就没有是否洗脑的发言权。只有洗后感觉干净的企业家才有发言权。

为什么有些人要以不爱干净为荣呢？这实在让人费解。其实惧怕洗澡的人，首先他不承认自己脏。即使客观上已经很脏，甚至把周围人都已熏晕，仍然觉得自己挺舒服、挺好，他以脏为美。不管什么时候，总是会有这样的人。我在 20 世纪 80 年代就遇到过这么一位。当时在北京的一辆公交车上，就有这么一位仁兄，浑身是味儿，简直没法闻。这位仁兄似乎不觉得怎样，结果一车的乘客全都挤到公交车的前半部分，整个车的后半部分都留给了这位仁兄。那确实是一个奇观。

愚直地导入思想

中国企业家的通病

　　愚直地实践稻盛思想。这其实与真正把稻盛思想学会后，已经血脉化，潜意识或者"完全内化"自己的机体有关。然而中国企业家们在学习稻盛思想时有一个通病，就是学个半瓶子就开始发挥，把自己胡乱的想法带有管理思维的认识也当作稻盛经营思想来用，而不是在企业里愚直、忠实地实践稻盛经营思想。如果实践失败了的话，一股脑儿全都推给外部原因。

　　敢于"超越"稻盛思想而自我发挥的企业家们，往往是那些自认为很有思想的企业家。然而这种企业家们最大的问题是，他们有很多想法，却很难形成真正的思想体系；或者自认为很有思想，然而却没有思想的原点，也没有收张的逻辑原理系统，许多思想相互打架。

　　这种"想法"式的思想最大的问题就是缺少稳定性和可重复性，也就是缺乏真正的理性思维能力。这种"思想"很难造就真正的追随者。因为缺乏真正的追随者，也就不能成为真正的领导者，只能塑造出阿谀奉承的围绕者，那么企业运行就会信息失真。

　　我不愿意给企业家讲阿米巴经营的一个重要原因就是企业家们不愿意学习原理公式。就像我常举的那个例子，他们一上来就喜欢做应用题。其实阿米巴属于稻盛经营思想里的应用题，稻盛经营理念、经营逻辑属于公式原理，经营哲学是坐标系，属于正负坐标系与进制单位等，而"作为人，何谓正确"是坐标原点，属于利他主义坐标系的原点。

不学原理公式，甚至连坐标系还都没搞清楚，根本就不明白利他坐标系和自利坐标系的区别到底在哪里，那么怎么能够做对这个阿米巴应用题呢？唯一的办法只有胡乱解释，并自己胡乱发挥一气。如果在企业用这种办法实践阿米巴，那一定会做走样。

如果真正学会经营原理的公式后，那么大家做题时就一定会按公式原理来做，这才是"愚直的实践"稻盛思想。如果连基本公式都不熟悉，却一上来就想着如何"发挥"，那肯定是无法"发挥"的。

如果自由"发挥"，往往就会背离稻盛经营思想，会走样。大家都知道在做数理化题时，一上来还需要先反复做熟悉公式的题目，需要忠实于公式，进行反复熟悉练习，而不是一下子就做提高题、发挥题和附加题。这就是"愚直的实践"稻盛思想，不能一上来就自认为自己的经营思想水平已经很高，好像自己都已经可以编写教材一样。其实自己的差距还很大。

企业家自己学习稻盛思想越扎实、越能血脉化，那么进行企业经营实践也就越愚直、越忠实于稻盛经营思想，企业取得的经营效果也就越好。这是相辅相成的。反过来，越是要自己发挥，越愿意纸上谈兵的话，那么就越要付出更多额外的代价，直到把企业家自己身上那点自傲、自满的傲气给磨完为止。

相较而言，日本的塾生企业家们向企业内部所进行的思想"二传"工作做得比较扎实、到位，比较能够让员工们接受。按理说，日本人非常好面子，不太愿意承认错误。从日德两国在二战后的态度上就可以看出这一点。然而日本盛和塾的企业家们在自己接受稻盛思想后，在自己企业内部向员工们宣讲稻盛思想时却能够真诚地完全放下自己的面子和身段，真正地站在"利他之心"的角度把稻盛思想介绍给大家，并真诚地承认自己原来错误的经营意识。其实越是真诚、坦诚，那么从员工们那里所获得的认可与回报也就越多、越强烈，员工们也就越容易被点燃。

然而，绝大多数中国企业家在向自己企业内部引入稻盛思想时，往往还是放不下自己的身段和尊严。他们仍然像按照引入一种管理方法的方式，或者说像发动一场"企业变革"的方式，从高高在上、居高临下、自上而下的角度，目标还是冲着员工开炮，而不是表现出一种自我反省的态度。企业老板总是想不言不语地把过去给翻篇儿，也就是仍然不敢把企业经营从隐性目的转变到显性上，不敢光明正大地实现"经营最大化"，还在刻意回避一些基本问题。其实这种做法没有任何点燃效果。

客观地讲，这和中国学习稻盛思想的企业规模也有些关系，企业动辄几千人的规模，这个数可能还算少的。面对这么大的群体，企业家们就习惯使用管理的方式、喜欢使用自上而下的指令方式。俗话说"管理在大"，企业规模大了，那么就习惯使用管理的方法。至于"经营在小"应该如何做，大家就不会了。会做大未必等于会做小，不会做大也未必等于会做小。对于那些管理还处于原生态的企业家而言，其实做大还是做小都不会，管理与经营都不会。我之前讲过这种情况，有的企业家就是因为学不会管理才来学经营的。告诉大家，如果管理都学不会，那么经营就更无法学会了。

建立有效的能量传递机制

在此，我想告诉大家，特别是企业家朋友，向企业内部传播稻盛经营思想的本质是传递能量，确切说是传递正能量。它应该是一种层层传递、层层点燃人心的过程，是建起一种有效的能量传递机制。

遗憾的是，我们的企业家们似乎已经习惯自上而下的发布方式。这种方式实际上传递的只是一种信息和指令而已。这种指令化信息的传递方式能够传递只能算是信息，而不能算传递能量。也就是说，传递的信息不能起到能量载体的作用。然而稻盛经营思想的核心意义是经营人心、点燃人心，需要有能量来点燃。如果在企业内部传播稻盛经营思想只是在传递知识、或者员工只是人手一本书的话，又有什么意义呢？这样做反而可能会让员工们心生反感。

　　关于企业家"修身"与企业团队"齐家"中的能量传递机制，我特意给白立新博士解释过其中涉及的物理与化学原理。因为企业家们的理化知识大都已经还给老师，因此也就没办法展开讲述。

　　"齐家"点燃需要技巧，要想一下子让全体员工都知道、并都能发自内心地都接受，那是不太可能的事情。宇坪启一郎先生其实已经意识到这个问题，因此他听从前辈企业家的劝告，先从企业中身边关系最好的人做起。如果连身边关系最好的人都不能说服的话，那又怎么可能让企业团队、全体员工都点燃呢？那简直是无稽之谈。

　　这其实也是我很早就意识到的一个问题。向企业内部传播稻盛经营思想最好使用把阿米巴经营划大为小的方式。企业老板最好能先从自己身边的 5 人~10 人做起，先从说服身边人做起。当然"先找乐观的人再找悲观的人"的方法也可以使用，也就是先从那些最有可能思想上接受的身边人开始做起。

　　如果能把身边人说服、让其思想上接受，这才是把思想能量传递出去的表现，因为身边的人被点燃了。只有被点燃了的人，才会变得主动。于是那些被点燃的 5 人~10 人，就会向他们自己身边的 5 人~10 人主动宣讲、传递能量。那么再被点燃的人就会像接力赛一样将经营思想与被点燃的能量再传递出去。这种环环相扣的能量传递方式是最可靠、最扎实的。通过这种方式可以把能量一层一层地传递出去，而不是像指令发文那样，只是在传递信息而已。

还有一种方式，它的效率更高一些，也是稻盛先生最擅长的，那就是开现场会。一般企业老板包括企业高管最愿意开汇报会，而这种汇报会是企业老板自己高高在上听那些已加工过的、失真信息的汇报。相反，稻盛先生擅长的开现场会，一方面，缩短了信息链、避免信息失真，并能够及时发现问题；另一方面，又能面对一线员工，把思想和能量传递出去。

放下身段、开现场会也是"齐家"的机制要求。这个"齐家"的"齐"字可是大有学问的。这是交流、沟通的一个基本要求。

如果借用一下稻盛和夫（北京）管理顾问有限公司郭总的"知行合一"模型来讲的话，企业老板们学习稻盛思想需要走的是一个"由知到行"的过程——知信言行。而员工团队学习稻盛思想需要完成的是一个"由行到知"的过程——行省辩知。因为企业员工们主要是通过观察企业老板在学习稻盛思想后所发生的行为方式的改变来学习改变的，所以企业老板需要通过行动来传递稻盛思想。企业老板仅仅停留在口头上的思想表述是不会起作用的。只有企业老板带头做，员工们才会认为："这次老板来真的了！"大家知道，一般而言，老板关注什么，那么团队就会关注什么。这是必然的。

我们讲，稻盛经营思想的核心是关注人、"经营人"。"经营人"是主线，"经营事"是辅线。也就是说，通过"经营人"的努力而附带实现了"经营事"的效果。这种"经营事"的效果不是刻意追求的，而是在"经营人"后"自然而然"出现的，是"经营人"的红利。切忌把这个因果关系给搞反，把培养人才作为"经营事"的副产品。

因此，中国企业家引入稻盛经营思想时，存在的另外一个问题就是，尽管向企业内部引入了稻盛思想，然而依然把"经营事"当作主线，关注人当作辅助线。真正能把关注人、"经营人"当作"主线"的企业还是很少的。企业家们还不能达到真正"人先事后"的彼岸思维逻辑。

我反复谈到，如何用人是企业家们学习稻盛思想达到何种程度的一个最重要的标准，是思维方式是否过河的一个重要标准。就像我们阳光100以前那样：让能人做正职，让那些认同企业价值观的人做副手。这就是关注"事维度"业绩结果的"此岸思维"的一种表现。现在我们许多项目经营用人已改变为：让正直的人做正职，让偏才的人做偏职。这就是一种彼岸思维的逻辑。这是学习稻盛思想后的一种质的改变。我和阳光100易总说过，只有达到这种认识时，我们学习稻盛经营思想、学习阿米巴经营这壶茶才能喝出点儿味来。

这是由"愚直的实践"这一话题引出的其他话题。我真心希望中国能够有更多的企业家可以"愚直的实践"稻盛经营思想。大家要知道，需要首先改变的是企业家自己的思想，切忌想象如何发挥或改变稻盛经营思想。在践行稻盛思想的过程中，越能"愚直的实践"越好。

当"术"不行时，唯有依靠提高心性

正如大家知道的那样，日本盛和塾的塾生企业主要是中小企业。就像稻盛塾长讲的，中小企业往往既没资金、技术，又缺少高级人才，可以依靠的方法就是鼓励员工们的人心，唯有依靠人心、点燃人心。这是稻盛经营思想的解决之道。这其实也非常符合成功商业模式的定义。依靠平均、甚至平庸的资源缔造辉煌的事业。这才是模式的成功，是模式在创造价值。

我也跟大家讲过，稻盛经营思想、阿米巴经营并非不能被大企业所使用。之所以大企业拒绝，就在于心结。因为经营的是大企业，已经有自己过往成功的经验，而物大之后就会为物所累，所以大企业具有的优势资源、先进技术和高级人才反而容易成为学习稻盛思想的障碍。但孙正义领导的软银集团这样的大企业学习得就很好，因此能否学习稻盛思想其实并不在于企业的规模大小。稻盛思想是心法，而不是物质技术技巧。只要企业家自己肯放下身段来学习，那么稻盛经营思想对大中小企业都是适用的。只不过中小企业因为还没有走向成功，不学习稻盛经营思想就没有出路，因此有背水一战的心理优势。正如"光脚的不怕穿鞋的"，没有什么负担。

当"术"不行时，唯有依靠提高心性

"当术不行时，唯有依靠提高心性"是我在聆听世界大会塾生发表后的一个非常强烈的感受。这其实是正确归因系统的另外一种表达方式，如果出了问题那么就在自己身上找原因，在自己身上寻求改变与突破。

这句话听起来好像挺简单，然而我要告诉大家，中国绝大多数企业家们却不是这样思考问题的。如果我们放开来讲的话，一切管理思维、一切规模经济都是这样思考问题的。

那么中国企业家们最习惯的思维方式到底是什么呢？那就是，如果这种方法不行，那就再换一种方法吧。也就是说，一种"术"不行时，那么再寻找其他的"术"吧；或者说，这种商业模式不行了，那就再寻找另外一种模式吧。美其名曰是"模式创新"。这其实是当今中国人"创新思维"的最大弊病，把创新仅局限在技术层面、局限在手法上而已。

更有甚者是如果这种方法骗不了人，那就再换一种新的骗人方法。能骗一阵儿骗一阵儿，能骗一会儿就骗一会儿吧。这种一个"术"接一个"术"的方式，一定会导致人类物质资源的浪费和提早枯竭。每一个"术"，就像每个产品一样，都有有所适用的生命周期。原本应该是"术"的生命周期完结、使用价值全部实现后，再开始下一个"术"的生命周期。

然而过度竞争往往会导致另外一种情况，那就是一个产品、技术或者模式的生命周期并没走完，价值还没完全发挥出来，实际上只走完生命周期的一半，由于竞争力的需求，就被过早替代，只要竞争能力开始衰减，就开始过早地淘汰。比如 IBM 的一份研究报告就证实了这种情况。为了保持企业的竞争力，而以牺牲地球有限的物质资源、甚至以牺牲人类子孙的幸福为代价，只想着如何"当术不行时，唯有依靠提高心性"的方式来解决问题。我们人类现在私家车、手机以及电脑的发展历程就是最好的证明。

难道真的是使用价值全部用完了吗？其实根本不是，只不过是因为不够 fashion，所以就淘汰之。这或许是对于"附加价值"的另外一种扭曲性的诠释——一种超越需求的价值。实际上这完全是一种欲望的释放。这也是稻盛先生对人类命运的思考：现代文明给人类带来的就是物质欲望的释放。

我们跳出产品和技术的层面，从更大范围来看，我们把眼光转向行业。按照前面的逻辑，如果某个行业不够 fashion，那么就理所应当地应该夕阳化、应该被淘汰。难道在竞争中落败的行业真的就没有存在的意义了吗？

稻盛经营思想就像挽救"坏孩子"一样，挽救了许多貌似已经落伍的传统行业的企业，为传统行业重新找回经营的价值，找回经营的信心。换句话说，行业价值并不应以是否具有高科技为衡量导向。行业存在的价值在于是否对人类社会有意义，在于企业家们是否愿意通过努力而为行业创造价值，而不应在于技术上是否先进或者在"术"上是否仍有竞争力来判断。

赢在危机来临前

如果不明白"当术不行时，唯有依靠提高心性"这个道理，实际上也就不能明白"当危机来临时，应该如何去克服"的原理。因为两者是相通的。

当经济高涨不在，当饕餮盛宴结束，当市场机会消失，当经济危机来临，当经济萧条到来，企业应该怎么办呢？企业不知如何是好，手足失措，无计可施。这恰恰说明企业家的思维完全是一种外归因的思维方式。如果按照心理学 ABC 法则，这种结局完全不是"危机"如何决定一切，而是企业家们面对"危机"的思维方式、心理方式出了问题。

前一阵《商业评论》上有一篇题为"赢在危机来临前"的文章。从这个题目中，不难看出这是一种非常典型的外化思维方式。因为不知道企业在面对危机时应该做些什么，导致的结果就是企业生存和企业创造财富与否，完全依赖外部宏观环境的好坏。我把这种企业称之为冷血动物型的企业生存方式。这其实是企业界一种靠天吃饭的农民状态，还不懂如何依靠"水库原理"让企业生存，不知如何让"经营人"成为度过"经营事"危机的方式。这些人真得好好看看稻盛先生《萧条中飞跃的大智慧》一书。

关于"经营人"的意义，请允许我再给大家多说两句。在稻盛先生《活法》发行 50 万册庆典的活动上，一位律师朋友向我询问了这样一个问题：我们律师事务所到底能不能够学习稻盛思想呀？到底能不能够使用阿米巴呀？

我的回答是：如果你使用的全部是机器人，只需你一按按钮、发一个指令，机器人就可以去干活的话，那么你就无需学习阿米巴经营。因为阿米巴经营主要是"经营人"，你要是企业里没人，就无需学习。只要你企业里有员工，那无论从事什么行业，你都可以使用阿米巴。阿米巴经营是可以跨越行业的，因为阿米巴经营是点燃人心的，针对的是人而不是机器。尽管因为不同的行业属性，具体的阿米巴机制会有所不同，然而点燃人心的基本原理原则都是相同的。

总有神奇之手

常怀敬畏之心

关于"神奇之手"这个话题，这与前面讨论过的"体验人生转型"、稻盛思想改变企业家命运这个话题有直接关系。实际上，这也是人们需要有一颗"敬天"的敬畏之心的原因。敬畏的无论是天也好，自然、法律、社会舆论也罢。人一旦失去畏惧之心，就会失去对自我心灵的约束，也就会变得无度的自满、发散和膨胀。

正所谓"满招损"，这是中国传统智慧早就领悟到的。一个人无论一时间有多么成功或者无论积攒了多少物质财富，其实早晚都会散完的。比如去澳门赌一把大的，财富一瞬间就散尽。这就像一个没有底儿的桶，可以把东西漏个精光。一味的发散，有多少东西都能给散没。否则别说天理难容，就是从物理的角度来讲，也很难容下，因为不符合自由落体的规律。

如果只知道发散，不知道如何收敛，那么做什么买卖都做不成，是不会把企业经营起来的。我认为，一个中学时代学不好数理化的企业家，日后在经营能力方面一定会有欠缺，会遭遇瓶颈。导致这种结局的原因其实就在于他们缺乏收敛能力。比如，许多中国企业家在学习稻盛经营思想后不知道如何才能在自己的企业经营落地，实际上也都是这方面的原因，因为不具备收敛能力，只会让思想在天上飘，胡乱发散，收不回来。

当今许多中国人已不相信"命运"这个东西，也不太真正知道传统思想和《四书五经》。举一个最简单的例子，在用电脑打字时，无论使用多么通用的汉字输入法，绝大多数涉及中国传统文化的词汇都没有，而现代乱七八糟的网络词汇却应有尽有。

许多中国人都在回避命运的存在、夸大自己存在的意义，也一直在为缺少行为约束的自己寻找可以更加为所欲为的理由。然而在科技技术如此发达的日本，塾生企业家们却人人都在谈论命运，在谈论自己遇到稻盛思想后幸运的人生改变。比如，这次在盛和塾世界大会上这8位塾生的，所有发表都无一例外地谈到自己接触稻盛先生的利他经营思想后所发生的命运改变。不仅企业家自己的命运发生改变，还包括企业以及员工的命运也都发生了改变，都走上一条向更好的方向发生转变的道路。我在此可以帮助大家归纳一下。

"神奇之手"发生在第一位发表的井上先生一家经营困难的时候。由于邻居家的浴池突然坏了，于是通过给来寺院巡礼的客人们借用浴池而使井上先生通过邮购直销的方式打破经营困局。"邻居家的浴池突然坏了"就是看不见的"神奇之手"安排的。

第二位发表的和田山与他父亲在大阪的闹市区偶遇，这次偶遇开启了和田山戏剧般的人生，一下子从"穷小子"变成了"花花公子"，也算是一件神奇的事情。

第三位发表的南部先生是位有具象思维的理工男，很幸运地降生在京都，与京瓷公司在物理空间上成为近邻。南部先生虽然在经营方面薄弱一些，然而却会有人建议：你来开发一下鸡蛋自动分选包装机吧。否则仅凭理工出身的南部先生的头脑，是绝对想不出来的。尽管自己想不出来，却会有别人来提建议。这也是"神奇之手"的安排。

第四位发表的桥本先生发生了一段神奇的凤凰男经历，在临时改变就餐地点的餐厅里竟遇到了未来的岳父大人松吉宏先生，于是从一位努力工作的上班族摇身变成一位出色的经营者，这种神奇可真可谓到了时不我待的程度。人们可能会说，桥本先生是被好运撞了一下腰。

第五位发表的是那位做管道维修的文科男——和田先生。在心脏手术搭桥后，卧床休息的病床上，和田先生伸手拿到的第一本书竟然是稻盛塾长的《实践经营问答》，和田先生之前买了许多历史、哲学、经营方面的书，可为什么偏偏拿到的是稻盛先生的那一本？这不就像中国小孩子过周岁时的"抓周"吗？怎么会这么巧呢？一下子就抓到了稻盛塾长的著作。

第六位发表的是开旅馆的宇坪先生。他经历了每月、每周、每日频率不断加速的三次食物中毒事件。如果背后没有"无形之手"安排的话，人生考验怎么会按照这样有节奏时间规律来发生。这确实让人不相信都很难。规律的后面是意志。

第七位发表的本田章郎先生是一位在社会上漂泊的小混混，漂来漂去漂到了大畑先生的面试考场上，也为未来接触稻盛思想打开大门，继而改变了这位"坏孩子"的人生。

另外一位"坏孩子"，就是最后做发表的龟井先生，他在卖掉自家公司后，到别家公司学习如何做一名企业的经营者。在费尽气力完成高木工务店的重组后，原本认为自己一定会被委任为社长，结果却事与愿违。然而随后龟井先生忽然接到一个电话，希望他能考虑出面接手高木工务店。这一幕似乎十分戏剧。龟井先生在让高木工务店一年后成功扭亏为盈、打消自己重新创业的念头时，却突然接到这样一个莫名其妙的通知——逼着龟井先生辞职离开而重新回到自己创业的道路上。就连龟井先生至今似乎还是一头雾水。这其实都是无形的命运之手背后安排的结果。难道不是这样吗?!

这次盛和塾第 21 届世界大会，一共有 8 位塾生发言。每一位塾生的发言毫无例外地都谈到自己在改心前后所遇到过的颇具神奇力量的事情。这是所有改心之人所能体验到的一种力量。可谓是天道无欺、信而凿凿的事情。

其实这就是佛家思想所讲的磨难可以消减业障的道理。唯一不同的是，有的塾生的人生磨难发生在接触稻盛塾长前，而有的则发生在学习稻盛经营思想之后。然而无论前后，似乎在经历磨难、消除业障后，奇迹或者幸运就会随之发生。

这其中还渗透着这样一个道理。像稻盛思想这么好的理论，也不是什么人随随便便就能够接触到的，也不是买本书就可以学到手的。企业家是否有这样的缘分，会不会与这么宝贵的理论失之交臂，还要看这个人身上的业障是否已经被清洗，清洗后背后的神奇之手是否愿意出手相助。缘分大的企业家，可能会先经历"神奇之手"，后经历"认识考验"；缘分小的企业家可能先经受一些人生考验，清洗完一些业障后才会有"神奇之手"的后续安排。

心灵净化

物质欲望强烈的人，思想障碍就会大，就越容易被物质化思维所包裹，越轻视意志思想的作用，也就越拒绝思想洗涤，那么也就越不容易接受稻盛思想。即使接触到了，也很难真正看到稻盛经营思想、经营之道的意义。只是在"术"上看问题、在手法上学技巧。结果什么也没有学会。可能还把企业搞得一团糟。如果果真如此，企业家不但不会对稻盛思想心怀感恩，还会心生怨恨。

其实稻盛思想在当今这个时代兴起，也是有时代原因的。就像白立新博士讲过的："中国的企业家在过去的十年使用德鲁克思想，也就是使用西方的管理思想来武装大家的头脑，然而在未来的十年里中国企业家们或许需要使用稻盛思想来净化心灵。"

我一直认为，德鲁克先生与稻盛先生的使命是有时代分工的。举一个例子，为什么德鲁克先生研究大企业管理？为什么稻盛先生提倡小组织经营？其实是有人类社会的时代发展因果贯穿在其中的，两者的出现都是有道理的，都是"时代必然"。因此从宏观意义上讲，德鲁克管理思想与稻盛经营思想其实是互补的。回到关于"命运"这个话题上来说，其实所谓的"命运"，只不过是"时代必然"的另外一种说法而已，是超越个人意志的一种力量而已。

曾给大家解释过，我为什么现在很少再提"企业转型与企业家转心"这个说法。因为只有企业家们的良知尚存，蒙尘已久的思想电线还能擦净，面对企业家，我们才能有所作为；如果企业家的良知无法萌发、利他良知彻底不在的话，那么我们什么也做不了。

开启企业家们的良知，就好比是通电。对于那个蒙尘已久的电线而言，电线已经变质，不能再导电。这种情况就像血管梗死一样，血管已完全被堵，很难再疏通。这就是很难再呼唤良知的情况。良知还可以被呼唤的情况，就好像电线虽然已经尘土不少，但擦干净还可以导电，还没有到蒙尘已久已完全变质不再能导电的程度。因此稻盛思想的"洗脑"功能就可以发挥作用了。我一直把稻盛思想视为一副筛子，就是把那些还能导电的电线和已不能导电的电线区分开。在当今这个追逐物质利益的时代，希望每一根电线都能好使、每一个利他良知都尚存，这种想法是不太可能的。

参加发表的塾生和田先生在接触稻盛思想前所做的心脏搭桥手术其实也是非常有寓意的。只不过企业家们是否能意识到，或者即便意识到了能否够接受这种认识还是一个问题。

心已不痛，心血管都已堵死，生命已不通、命运已堵死，因此就需要做心脏搭桥了。其实能用物质手段疏通治好的病，也就是能通过身体机能警醒人的问题，说明问题的深度还是比较浅层的，是有救的。

依据中医的六经辨证理论，人的病可划分为六个层次：太阳、少阳、阳明、太阴、少阴、厥阴。太阳之病属于病在体表，较好医治，发发汗就可以解决，最好发治而不是压治。而如果病至厥阴的深度，那么就很难救治。就像前面分析的电线变质一样。

救治企业之病，其实也是如此，学习稻盛思想亦是如此，有的企业家的病、企业的病已经无药可施，因为他的思想良知之病已根深蒂固了，已病至厥阴。就像神医扁鹊当年见蔡桓公一样，因为病入骨髓，已经无法医治。连神仙也不救了，因此无需"神奇之手"出手了。

如果从改变人心的角度讲，六经辨证之理与学习稻盛思想的道理也是相通的。我们谈到，应该血肉化、血脉化地学习稻盛经营思想。也就是说应该发生血脉、血肉这一层次的改变，实际上就是企业家的思想之病还在血脉，这样程度的病还可以救治。所以，我们需要一种血脉化的学习，而不是说骨髓化的学习。

如果问题已达到病入骨髓的话，那就已经无药可救了。也就是说，如果企业家的利己之心已达到骨髓的程度，就不用再奢求什么改变了，因为连神仙也要束手。那个"神奇之手"也就不会出手相助。

挽救问题青年

改变人心的力量

关于这一点，尽管前面已经给大家说过不止一次，但我还需再给大家说一说，因为这方面的现象特别能反映稻盛思想具有改变人心的力量。然而这种力量在中国企业界中还很少出现。在本次世界大会 8 位发表的塾生中，应该说至少有一半是属于这种情况，这也反映出日本盛和塾塾生们的普遍现象。

比如，第二位发表的 B&P 公司的和田山先生，原本是被父亲带到沟里的一个"问题青年"，拥有花花公子般的利己经营思想，最后被稻盛思想给挽救。还有第三位发表的南部先生，早年憎恨经营者，热衷于社会运动，在一定意义上讲，也应该算是"问题青年"。第七位发表的本田章郎先生以及第八位发表的龟井浩先生就更不用说了，属于主流意识认为的典型"坏孩子"。

我在前面试析第七位发表的本田章郎时就已给大家详细分析过。连稻盛先生自己在听到塾生企业家们的心得发表后都感慨甚至有些好奇：为什么在日本盛和塾中有那么多的"问题青年"企业家甚至是"坏孩子"企业家呢？也就是说，在接触和学习稻盛思想前，许多企业家在年轻时都不是传统意义上的"乖孩子"和"好孩子"，有许多人是游走在社会的边缘，游走于黑白两道之间的一群人。这些人同时具有"给点阳光就灿烂"的特点，他们浪子回头、知耻而后勇之后，所爆发出来的精进往往也是惊人的。

在此，值得说明的是，中国企业家群体目前基本上属于第一代创业，然而在日本塾生企业家中，属于二、三代接班的企业家比比皆是。而二代接班"先天"就有某种被娇惯成长起来的"坏孩子"的特点。事业不是自己打拼得来的，而是从父辈继承来的，因此他们往往缺乏企业"创业之初"那种吃苦耐劳的精神以及与创业伙伴们一起同甘共苦的感受。

一开始就接手家业，多少都有种"天上掉馅饼"的感觉。正所谓"得之既易，则失之亦然"。来得容易去得快，不是自己的血汗往往不会珍惜，更不懂得应该珍惜或者尊重团队。一上来就把位置给放虚，与空降用人的方法有同样的弊病。这是狭义的家族企业无法避免的问题。

就像稻盛先生在年轻创业时得到一位长辈企业家所赞许的那样，那位长辈企业家严厉地批评另外一位二代企业家说："你别觉得自己有什么了不起，稻盛先生比你强多了，因为稻盛先生企业的一切都是通过稻盛先生自己的努力创造出来的，你小子则是从父辈的手中继承来的，你有什么了不起的。"

说到这里，其实就涉及当下中国社会最普遍的一个问题：拼爹。当然也有把儿子娇生惯养、"培养"上法庭的妈妈。这些问题为中国市场经济走入二代阶段埋下致命隐患。遗憾的是，中国企业家们似乎还没有精力考虑这些问题。因为自己第一代的创业结果还很难说，那更不会考虑下一代人如何顺利接班的问题。

东方企业往往具有一种家族企业的特点，因此二代的接班问题对于绝大多数企业家而言具有非常重要的意义。毕竟能像稻盛先生那样把东方家族企业搞得现代化、将现代企业引入大家族主义的企业家还是极其稀少的。比如香港那几大家族企业又怎么样呢？他们始终都在利己主义思维框框里面转。对于这样小家族企业的未来前景，我并不看好，恐怕始终无法摆脱"富不过三"的魔咒。这或许也是"天道无私"的另外一种体现吧！

关于二代的接班问题，在这次游学活动中，我在 7 月 18 日晚上举行的中国企业家恳亲会上发言时，明确地告诫过企业家：大家辛辛苦苦创业 30 年又能怎样呢？物质财富终究带不走。无论自己怎么辛辛苦苦创业 30 年，总有退下来的那一天。自己 30 年艰辛奋斗得来的企业，一旦交到儿女们手中，如果不到 3 年就给毁了的话，那么自己 30 年的奋斗还有什么意义呢？家业毁了，子女也毁了。甚至可以这么讲，如果没有给子女留下这些物质财富，他们的人生可能还不会被毁掉。如果果真如此，创业第一代的辛苦就是在为第二代人打造坟墓。

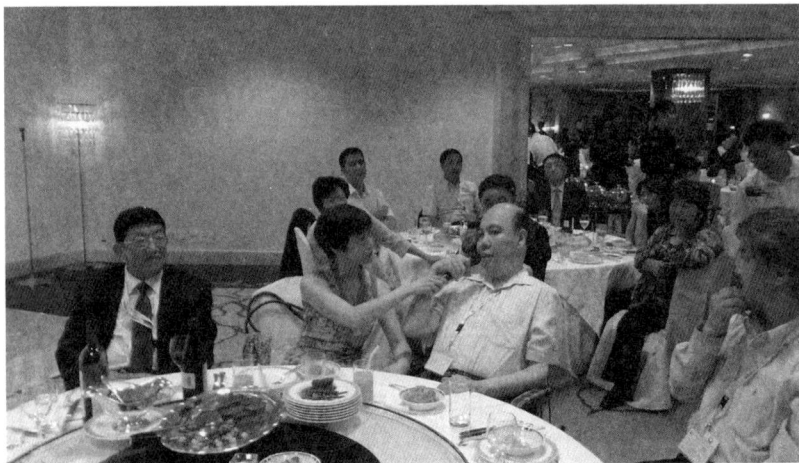

作者（左三）在中国企业家恳亲会上发言，左一为白象集团 CEO 姚忠良先生

因此，如何能把二代教育好，实现顺利接班是一件非常意义的事情。我一直给大家讲，企业经营有两个维度——"经营事"与"经营人"。这是针对企业来讲的。换一个角度讲，"经营企业"与"经营家

庭"（包括经营子女）也是两个维度。这属于另外一种"齐家"，"齐"的是小家。前面经营企业"齐"的是一个大家——大家族主义。

成功企业与幸福人生的完美结合

如果再结合"修身"的话，"经营企业"与"经营人生"也是企业家面对的两个维度，需要平衡经营，因为只有平衡方能长久。我一直计划写一本名为《成功企业与幸福人生》的书，希望帮企业家们梳理一下哪些企业经营的管理思想是以牺牲人生幸福为代价的。

企业家们往往有这样一个错误思想——如果想把企业经营成功，就必须以牺牲自己人生的幸福、牺牲家人的幸福为代价。其实这是把企业与人生割裂的思维惹的祸。他们认为企业就是企业，家庭就是家庭，或者人生观就是人生观，那么为了企业成功而"无意"地付出人生的代价也就迫不得已。

事实上，为了实现企业目标，既可以采取付出家庭代价、牺牲人生幸福的方法，也可以采用不付出人生代价的方法，同样可以达到企业成功的目的，甚至还可以找到通过使人生更加幸福的方式实现企业成功。只不过这种能将"企业成功"与"人生幸福"和谐统一的方法比较难而已，但并非做不到。因为稻盛先生已经做到。

就像海底捞张总指出的那样："直接使用物质奖惩挂钩的方式是一种最懒的方法、是当老板最懒的方式。"然而我们绝大多数企业家恰恰在使用那些懒的方法、最笨的方法在经营管理企业上，因此也就不得不以牺牲人生幸福的代价。因为懒，那么就需要付出更多的代价。这也很公平。特别是以牺牲子女幸福的代价一定会从子女的身上收回来。

因此，我在游学恳亲会上倡议，应该成立青年盛和塾，把培养二代企业家的事情纳入企业家的经营日程。对子女好并不在于留下多少财富，而在于从小就培养一种经营意识和创业精神。二代虽然不是白手起家，但也不能让他们身上缺少创业精神，否则无论给子女留下多少物质财产那都白搭。这样失败的例子不胜枚举。

当企业家们专注于自己事业时，往往是通过牺牲下一代的幸福在创业。牺牲的不仅仅是企业家自己的人生幸福，还要通过附加牺牲下一代的幸福来创业。特别是那些原本就非常物质利益化企业家的人生观，容易认为给子女提供富裕的物质条件就足矣，这样做就已尽到父母的责任。然而在这种物质丰富、精神贫穷条件下成长起来的第二代，其心理往往极其扭曲、变态。如果让这样的二代来接班，一代企业家打拼起来的企业与树立起的人格魅力可能在一瞬间被摧毁。这也是一种不可避免的因果报应吧。

另一方面，我们讲经营在本质上是"经营人"，而不是"经营事"。真正的经营思想必须学会从"经营事"的此岸思维向"经营人"的彼岸思维的飞跃。无论经营自己的家庭，还是经营自己的子女，都属于"经营人"的彼岸思维的一方面。仅仅给子女提供物质条件而不进行精神交流，不关注其心灵成长，其实仍停留在"经营事"的思维框框里。

第一代企业家创业时，有时会牺牲下一代的健康成长，给他们带来心理阴影或导致心灵扭曲。这种现象从盛和塾世界大会的塾生发表中也能窥见一斑。比如从小就憎恨员工、认为员工"都是一群靠不住的人"的和田先生；还有认为"搬家必须在夜里搬"的龟井先生，都遭受到负面心理的塑造。其实第二位发表的和田山先生的父亲也是做生意的，却给儿子灌输如何成为花花公子那种享乐思想。这也算是奇葩。

当然我也看过父辈对子女产生正面影响的案例。比如井上家族有从祖父、父亲、叔父再到井上先生自己世代相传的"天生"经营意识；南部先生家里以前开电器店，才塑造出南部先生擅长鼓弄电气工程的理工男，这为南部先生成功设计出鸡蛋自动分选包装机提供了可能；做阀门业务的和口先生父亲精心安排文科男去学习技术；宇坪先生在遭遇困难时，母亲对其进行教导和鼓励；龟井先生遗传了父母经营土木行业的基因，还有龟井先生母亲不领救济金的自强性格对龟井先生形成拼命三郎的性格都产生了影响。这些案例都是二代创业者们从父母那里继承来的优秀品德，并使之发扬光大。

　　父母对于子女的影响是极其深远的。无论是正面还是负面的，都不可能是零影响。这实际上也是心理学的基本原理。一个人在成年后所暴露出的任何心理问题往往都可以追溯到这个人幼年时家庭环境和父母的影响，这对一个人性格的形成至少起 40% 左右的作用。然而我们当今正在拼命创业的企业家们却往往忽略这些，无意中就在起一个负面作用。因此往往在打拼自己事业时，同时也在把自己的下一代塑造成为自己事业未来的埋葬者。

　　当然企业家们对家人和子女的忽视也是有原因的。其实这与西方企业管理的割裂思维——企业就是企业，人生就是人生——有直接关系，也不要把企业家自己的价值观与企业经营混在一起。管理思维就是这样思考问题的，因此企业成功与人生如何无关。然而这种"无关"却是表面的而非本质的，不是你认为无关了就真的无关了。其实这种"无关论"也是我们所说管理模式属于"经营最小化"的一种。在管理模式下，经营机制都是隐性的，都不在表面显现，但是表面不显现，"表面无关"并不等于在隐性方面不存在，也并非与深层机制或者长远效果无关。

　　企业表面成功，实际上往往是以隐性牺牲人生幸福为代价的。这就是在表面上说企业经营与人生幸福无关的人，所必须付出的隐性代价。如果要让企业做成功，那么就必须牺牲人生幸福。反过来说，那就是通过牺牲人生幸福来获取企业成功。这种利己主义思想经营企业实在太可怕，损人利己的结果是损人还不利己，不仅在商场上牺牲客户、对手以及客户的利益，还要牺牲自己的人生幸福，甚至需要付出家人的幸福、夫妻感情以及子女的幸福，这都是企业家做懒人所必须付出的代价。而事实上，做成功企业就必须牺牲人生幸福这个观点绝对是企业家们的一个认识误区。这样的话，即使企业最后成功了，企业家自己却成了孤家寡人。那做企业的意义到底是什么呢？真是企业成功必须得人生失败吗？

也就是说，企业家错误的人生观，即使企业在创业者那里取得成功，也很难保证企业到了二代手里不失败。因为二代企业家连个普通人都不如，他们的教育被牺牲，人生被扭曲，那么失败也就在所难免。

学习稻盛经营思想时，必须结合"经营事"与"经营人"这两项，平衡对待，甚至"经营人"应该比"经营事"更受重视。同理，也应该平衡对待"经营企业"与"经营人生"，甚至"经营人生"应该比"经营企业"更受重视。如果"经营企业"成功了，"经营人生"失败了，妻离子散、众叛亲离，空守亿万家产就没有了任何意义。因为有人一起分享比独占更加幸福。

追本溯源，学习稻盛思想就是学习阳明先生"知行合一"的思想。如果我们总喜欢把企业与家庭分离、企业与人生分离、事业与子女分离的话，那就无法做到"合一"。

前面已经提及，我一直在计划写一本题为《成功企业与幸福人生》的书，这本书的核心观点是应该把企业经营与幸福人生结合起来看问题，而不是割裂看问题。为了达到企业的经营目的，可以采用多种方法。有些方法对自我人生价值的实现是有影响的；有些是无碍的；有些是增值和提升的。不要总喜欢用那些最笨、最懒的方法。中国人的聪明才智应该是出类拔萃的，我们的企业家的智商更不低，那么就拿出一些真本领吧！

遗憾的是，因为分工、分离意识在作祟，所以企业家们往往茫然无知地选择那些会牺牲人生价值和人生幸福的方式在经营企业。然而反过来讲，牺牲人生幸福还未必能换来企业的成功。最终只能是竹篮子打水一场空。

　　如果大家知道了"成功企业"与"幸福人生"的因果关系，那么就可以既让企业成功，也让人生幸福。这岂不是两全其美的事情嘛！其实稻盛先生提供的经营思想正是这种"成功企业"与"幸福人生"的完美结合。

由陌生面孔想到的

这是我今年重出"江湖"给盛和塾义务讲座时遇到的问题：很多老朋友们都不见了，面对的盛和塾塾生全是陌生面孔，提问题的人尽管学习了稻盛思想，但还没有发生思想转变。许多问题都很稀奇古怪，甚至连那些质疑性的问题都冒出来了。

熟悉我讲座的企业家，应该知道我有一个"六不讲原则"。所以有些人并不属于我讲座的听众，也不应成为听众。正所谓"经营只是讲给经营者的"。如果不是经营者，那么讲给他有什么意义呢？不是真正以经营为目的的那种地方，我是不会去讲的。

因此，我一再告诫企业家们，切忌把部门经理级别的人往盛和塾里送，即便这些人从内心深处接受了稻盛经营思想，那也不会有大的作为。职业经理人是不可能改变企业文化或者企业管理机制。如果企业家们自己不来参加盛和塾学习，那么其他都是白搭。如果还幻想未来阿米巴实践成功，那纯属做白日梦！这种基本判断的能力，我还是有的。所以大家千万记住：盛和塾是给企业家办的，不是给职业经理人办的，因此请不要再把人事经理、财务经理们派来。

另外还有一种错误，企业老板也经常容易犯的，那就是有时企业老板会带着他的团队一起来。说真的，在这种场合，我都不知道应该怎么讲，应该讲给谁呢？因为企业老板的需求与企业管理团队成员们的需求是不一样的，就像马斯洛需求层次理论那样，因为需求层级不同，如果混在一个箩筐里，无法一次都满足，讲出来的客观效果会非常不好。企业内部的需求心理是分层级的，所以应该有的放矢、区别对待。这恰好是阿米巴划大为小原则的适用之处。

话又说回来，其实许多问题，我头两年都公开讲过。而且在每次讲座开始提问前，我还特意提醒大家："什么样的问题，我不会回答。因为三言两语根本讲不清楚，对于没有必备基础知识的听众而言，这些问题根本就无法理解。"那些刚刚接触稻盛思想才几个月、甚至连稻盛先生最基础的五六本著作都没看过的人，提出来的许多问题都毫无意义。

然而无论我如何事先提醒，就好像不是在说他一样，还会不断提出一些稀奇古怪的问题。其实如果自己认真看书，认真学习的话，许多问题都可以自己解决。

我们不得不承认，现代人确实已经非常不愿意读书，没有读书的好习惯，因此希望大家自己把书看明白，那可能只是一种奢望了。为什么现在电视台举办的这个讲堂、那个讲堂会这么多呢？可能就是现代人已不愿意自己看书的缘故，而愿意吃别人嚼过的东西。自己消化知识的能力已经很差，这确实是一种悲哀。

面对陌生的面孔提出的熟悉的问题，我有些无奈，因为许多问题都是我头些年解答过的。了解我的企业家们都知道，我很少讲重复的话题，因为我并不以讲课为生，我讲的内容都与阳光 100 实践过程中的领悟有关，是不断向前推进的，因此我讲出来的都是新认识、新课题和新领悟。

还是我常讲的那句话：既然我是义务传播稻盛经营思想，那么游戏规则就由我来决定。回答什么样的问题，不回答什么样的问题，那一定由我说了算。无欲则刚嘛！特别是那些质疑性问题、物质化的问题以及一些和稻盛思想八竿子都打不着的问题，我一定拒绝回答。

为此我一直给盛和塾郭总提建议：在中国发展盛和塾必须注重质量而不要一味地追求数量、不要刻意追求盛和塾的塾生企业发展到多少家这样一个规模标准，这应该是一个自然而来的结果。能够真正帮助企业家们学习提高才最为关键。

为了能够让塾生企业长期在盛和塾的环境中学习，我一直建议国内盛和塾的塾生企业应该按照分年级发展的思路来组织活动，千万不要总把新老塾生一锅烩。如果新老塾生混在一起，那么办讲座内容就很难准备。因为如果想让老塾生们听着过瘾，那么新塾生就一定会一头雾水；如果让新塾生们能听出点门道来，或者能听懂而产生学习兴趣，那么老塾生们就一定会觉得内容太浅显而不愿意听，因此老塾生们也就不愿意再继续参加盛和塾的活动。因此盛和塾的发展就不可避免地成为一种狗熊掰棒子的模式，也很难让有过往经验的老塾生们起到榜样和传帮带的作用。

最近，我在参加盛和塾的活动中，遇到的塾生基本上都是新面孔，极少有熟悉的老面孔。这对于我的讲座其实会有影响。如果总是陌生面孔的新塾生，总是用车轱辘话讲那些最基础的知识，我也就了无兴趣，也就不怎么愿意再出来做公开讲座了。毕竟我无需以讲课为生。

我认为，让塾生企业按照分年级的方式来学习稻盛思想十分必要。这样才能保证盛和塾的持久发展，而不是吹一阵风就完事。为了保持持久，就需要分级分段地进行学习。这种做法也符合阿米巴经营划大为小的原则，不会遇到增长的和发展的极限，可以持之以恒，有发展后劲。

我们说，盛和塾的使命是传播稻盛先生的经营之道，帮助解决企业实现长久发展和缔造成百年企业，而不是一时之举。说实话，稻盛先生把经营之道——正确的经营方法——已经讲得清清楚楚。然而许多企业家就是不相信，还是想伸着脑袋来钻研、探究这里面到底还有什么经营秘籍。其实稻盛先生揭示给我们的是一条经营的光明大道，也就是把隐性经营显性化，把"经营最小化"转变成为"经营最大化"，并不是也没有什么密而不宣的经营秘籍。

稻盛经营思想的法则原理其实早就摆在大家面前，只是许多企业家们不相信、不理解，视而不见而已。也正是因为大家不相信，才会把稻盛先生挽救日航的结果视为一种奇迹，一种不可思议。就是因为企业家们的思维——视而不见、见而不明——还停留在第一把尺子上，没更换尺子，当然就看不明白了。

然而能够真正理解稻盛思想真谛的企业家们却不这样认为，不会再以奇迹、奇异的眼光看问题。在这些企业家的眼里，稻盛先生能够拯救日航、使日航再次腾飞是一种必然。那是稻盛思想力量的体现，是经营哲学力量所创造出的价值。更换一下思考问题的尺子，就会一目了然，根本没什么不好理解的。

企业家们不善于提问题

寻求改变的主线

学习稻盛经营思想的潜在逻辑、企业家来盛和塾学习的一个潜台词就是寻求改变，寻求改变的内容是一种逻辑和机制。因为寻求改变的潜台词是"知不足、不自满"，所以就能够主动发现自己身上存在的问题。如果自认为已经十全十美了、十分成功的话，那也就没有图变之心了。正所谓"穷则思变"。

其实，这也是中小企业家们更容易接受稻盛思想的原因。自己还没多少成功或值得炫耀的资本，因此也就没有什么需要固守的东西，不太容易为物所累，自然也少了许多真心学习稻盛思想的心理障碍。说得通俗点儿，这与"光脚的不怕穿鞋的"是一个道理。

换句话说，"寻求改变"是学习稻盛思想的一种核心动力。这种求变之心往往需要"从心出发"，有真正的心理需求才能有效，才能有真正的驱动力。其实真正能促成自我改变的力量在于心灵、人生观的转变。正所谓"江山易改本性难移"，想要颠覆命运的咒语、命运法则的制约，实在太困难。唯有本性、心灵的改变，江山命运才能随之发生改变。这就是"提高心性"才能"拓展经营"的道理。心理学 ABC 法则所揭示的也是这个道理。

逻辑上讲，要想改变和提高，必须以发现问题为前提，寻求改变的驱动力。发现问题、寻求改变，这是一条核心逻辑。然而，"发现问题"属于 ABC 原理 A 的部分,"寻求改变"则属于 ABC 原理 C 的结果部分,而能够促使向好的方向发展的核心则是心理归因机制 B(Belief)的部分。

但是,如果虽然发现了存在的问题,但却认为导致问题的原因都是别人的、外部的,与自己也没有什么关系,也就不可能向内寻求自我改变、调整或提升。因此"发现问题"只不过是"寻求改变"的一个必要条件,而不是充分条件。只有加上向内寻找自我原因、愿意自我反省、愿意改变自己的心态、愿意自己提高心性,才是充分条件。

结合我以前讲过的执行力与领导力的话题给大家再解释一下,如果强调执行力出了问题,就属于外归因,即 ABC 的 A 有问题;如果意识到领导力出了问题,那就相当于意识到 ABC 的 B 出了问题,需要自己做调整、改变和提升。

因此,我发现学习稻盛思想所需要遵循的一连串逻辑:发现问题→向内归因→需求改变(发心改变)→真心学习→转变心性→收到实效。在这里"发现问题"属于一种"前传阶段"的条件,然而在"发现问题"方面,我发现中国企业家们既存在心性方面的障碍——心灵之杯浅而易满,也存在方法上的问题——凡事喜欢大而化之、笼而统之地看问题,并不善于细化的观察问题,很容易让问题从眼前溜走。

具体点儿说,人必须要有强烈的心理需求才能去寻求改变,才能发自内心的有学习的动力;然而在产生强烈的心理需求之前,人必须具有善于发现问题的能力,这种能力是需要学习培养的,并且借助于专家外力的帮助就可以培养起来。所有善于"发现问题"的人往往有一个共同点——"关注细节"。顺便说句题外话,我特别喜欢做"看图找不同"的游戏,这对训练"关注细节"的能力非常有帮助。

接下来,我从"关注细节→发现问题→学会学习→转变心性"这几个方面给大家讲述在这次盛和塾游学活动中,发现的在中国企业家们身上存在的不会学习的主要问题。

不会建设性地关注细节

这一点是大多数中国企业家们的弱项，也是缺乏专业精神的一种表现。企业家原本应该具有一种职业精神——企业家精神。在中国，我们常说的企业家不具有企业家精神。企业家精神只有在达到一种职业、敬业的程度才会从身体上散发出来，它是一种讲究职业操守、追求职业规则的精神。然而中国绝大多数企业家，因为属于第一代，基本上还都属于"原生态"的状况，身上所拥有的往往是一种"江湖精神"而不是"职业精神"。 其实这与中国市场规则还没有完全形成有一定关系。

正因为市场规则的不完善，所以第一代企业家的创业、企业家成功的第一桶金往往都有"原罪"，是通过胆大发迹起来，并通过钻制度不健全的空子而取得成功的，这具有典型的投机主义的特点。

之所以叫作机会，就因为不可能永远存在，否则也就不能称之为机会。因此，机会现象，和正常规律以及游戏规则健全时代的常态机制是不一样的。然而，人们往往放大在机会时代所形成的思维方式，即把不正常视为正常，把短暂视为永恒。事实上，这种思维错位的危害是十分巨大的，甚至可能毁了不止一代人。

机会终究会消失，机会红利早晚会没有。然而如果企业家们的思维是把不正常视为正常、把短时机会视为长久规律的话，会导致以下两种结果。（1）当机会还在时，也就是当上天还眷顾时，企业家们往往不懂得如何将外部的宝贵机会转变成自己企业机体的实力成长，也就是不会将外部资源（外部利润源泉、外部发展驱动力）适时转变成企业内部实力（内部利润源泉、内部发展推动力机制）。（2）当外部机会消失时、当外部宏观经济条件发生改变时、当经济萧条来临时，企业家们就真的束手无策、无以应对，唯有想着、盼着下次机会什么时候能再来。这就像我前面给大家分析过的那样，当一种"术"不行时，大家往往只会想着如何寻找下一种"术"，而不是想着如何从企业内部、从体系深层寻找价值源泉，更不会在人心、心性上寻找动力。

市场发展有生命周期，企业发展也有生命周期。以机会发展为主导的阶段往往属于初级且不成熟的阶段，是不可能持久的，因为就像孩子不可能永远不长大一样，这个阶段迟早会过去。当企业发展进入到以内部结构发展、内部系统建设为主导的阶段时，游戏规则就改变了，就一定进入到以短板法则来决定企业实力的阶段，这一阶段是以细节决定命运的阶段。一个细节的忽略就可能成为系统的一个漏水点或流血点，它可以决定生死。你有多少血可以不停地流呀？

企业系统建设是指企业进入职业化、专业化的发展阶段。这是中国大多数企业的弱项，因此关注技术细节也一定是企业家们的弱项。专业体现在细节。这是一个重要原理。

当然并不是说中国企业家们不会关注细节，确切地讲，中国企业家们往往不擅长建设性地、正面关注细节。要是说，寻找社会制度、法规条文的漏洞，这可能是当今中国人极其擅长的。这种破坏性地关注细节、钻空子，其实都是利己排他性的，只会对自己有利，而不会对他人、社会有利。从根本上讲，这种行为是在破坏社会秩序，以不正当的手段获取利益，破坏社会制度的公正和公平。

因此，我们所说的关注细节，都是正向、专业、建设性地关注细节。这种正向关注细节所带来的技术解决方案，无论对个人、企业还是社会大多数都是有益的。这种关注细节是光明正大的，是可以拿出来与社会共享的，具有利他意义。

然而真正到了这种正向、建设性、专业化关注细节的时候，中国企业家们似乎就不太擅长了。中国企业家们看问题往往喜欢大而笼统地想问题，喜欢跟着感觉走，不喜欢让思维方式专业化地固定下来，也不喜欢通过数字来说话。这都是原生态、江湖式的经营方式。我们说，关注细节、发现差异、及时改进，这些才符合阿米巴经营。

不善于提问题

"不善于提问题"与前面分析的"不会建设性地关注细节"是有关联的。他们的问题要么就是一些很负向的、稀奇古怪的问题，要么就是一些看似正向却跟着感觉走的问题，没有任何学习的意义。因为自己看不到需要学习的知识点，所以就带着原有的固化思维提问题。顺便提一句，有些企业家不会提问也就罢了，据说这次游学参观日航时，竟然有人在现场睡着了。这实在是有点儿太离谱了吧。

不善于提问其实与一般人不知道如何进行"问题分类"也有关系。这一观点符合阿米巴原理。按照阿米巴原理，只要想提高效率，划大为小、化繁为简一定是一种最有效的方法。这与西方的科学主义、工业分工思想也是完全一致的。分而划之、各个击破，是人类古今中外通用的智慧。因此，我们应把问题区分对待，千万不要让问题抱团在一起。如果"问题"要是抱了团，而解决问题的团队却离了心，那么"问题"就很难解决。

我们可以把问题分成几类，以便区分对待。一类是"知识性"的问题。这类问题对于所有探求知识的人而言，都是平等的，只存在知与不知的不同。这类问题可以通过增加知识的方式来解决，也就是可以通过简单加法来解决。

除"知识性"的问题以外，还有一类与"问题对象"有关的问题，属于"思维性"的问题。这类问题不仅仅与"问题对象"有关，而且与取向问题的方式有关。这种问题往往是那种"公说公有理婆说婆有理"的问题，需要通过换位思考来解决，即需要改变思维方式来解决，而不是通过增加知识的方式来解决。也就是说，如果使用某一种思维方式来看，这可能是个问题，然而如果换一种思维方式的话，那么在原有思维方式下的问题在新的思维方式下可能就不再是问题。这就是"思维性"问题的特点。比如，这次盛和塾游学，中国企业家们提出的问题中，其实有不少都是这样"思维性"的问题。中国企业家们认为这是一个问题，然而对方却是一头雾水，不知道在问什么，因为在对方的思维方式下，这些所谓的问题并不构成真正意义上的问题。

另一类"问题"属于"价值观"属性的问题。由于价值观的取向不同，所看待问题的方式包括判断好坏对错的标准可能完全不同。这种"价值观"问题的属性与前面的"思维性"问题有些相似，不同价值观对于问题的判定可能完全相反，然而两者还是有所区别的。区别在于，"思维性"问题往往可以通过换位思考来解决，是主观可调整的。这种换位思考是可以通过学习而掌握的一种技巧。然而"价值观"问题则是需要捍卫的，非常稳固，不可轻易改变的，是"本性难移"的。然而学习稻盛经营思想时要触及这方面的转变。因此，解决所谓"价值观"问题不可以通过技巧性地改变思维方式来解决。"价值观"更重要的是选择。

而前面所谈到的质疑性问题，往往就属于"价值观"属性方面的问题。这次游学之旅就表现出这方面的问题。因此我认为，如果不认同价值观，那么就没有必要来学习稻盛思想，更没有必要来游学。

如果按照马斯洛金字塔进行排列的话，技术性、"知识性"问题在基层，思维性、价值观的问题在中高层。如果我们将问题按照属性进行分类分级来看，级别越往下的问题就越具有知识性、技术性的特点，越与 what 或者 how 有关，即 know-how 属性的问题，这样的问题相对比较容易解决；然而如果越具有思想性、价值观属性的问题，解决的难度就越大，就越具有 value-why 属性。

实际上也就是说，在问题金字塔中，越向下的问题就越可以通过外部方式来解决，也就越可以通过"学的方式"来解决，通过增加知识的方式来解决；然而问题金字塔越往上的问题就越必须通过内部的自我改变、自我反省方式来解决，也就越需要通过"修的方式"来解决，通过提高心性的方式来解决。我曾说："稻盛思想不是用来学的，而是用来修的。"讲述至此，现在大家对这句话的认识应该有所加深吧。

其实我把"问题"按照属性以及解决难度的标准进行划分，与我在《阿米巴不是什么》一书中给大家介绍的"三把尺子"原理完全一致。"知识性"问题对应第一把尺子，需要拓展知识、拓展能力；"思维性"问题对应第二把尺子，需要换位思考，从"我位"思考变成"他位"思考；"价值观"问题对应第三把尺子，是价值观、人生观、世界观乃至宇宙观的选择——是否认同存在天理。

这次游学企业家们提问问题时，存在的最大问题是什么？就是把三种不同属性的问题混淆在一起来提问，也就是把可以通过外部问知获得答案的问题与需要通过转换思维方式或者通过自我反省、提升价值观的问题一股脑地提出来。他们把各种问题统统放在一个篮子里，这是中国企业家存在的一个致命问题，那就是不会把笼统的问题分解出来、仅提问一些技术性且专业性的 know-how 性的问题。

无备懈怠而来

大家知道，不做预习的学生一定不是一个好学生。如果做什么都心中无数，那么又能胜算几何呢？正像《孙子兵法》讲的："多算胜，少算不胜，而况于无算乎！"什么准备都不做、不做预习、不做功课，这就是"无算"之举，学习的结果会怎样呢？

这与我前面所说的非专业精神也是一脉相承的。来之前不知道要学习什么，没有做好功课，没有带着考察方案和预期清单。现场学习也只是跟着感觉走，无备而来，完全是一种松懈和自满的状态。

参加世界大会的游学学习会让人有种强烈的现场感，我称之为具有"激活时刻"的意义（注：《我所理解的西点领导力》一书中会专门讲述"激活时刻"的内容）。到了现场就如同上了战场一样，人的思想警觉度和思维嗅觉都必须调动起来，甚至所有毛孔都应该张开，每一根汗毛都应该竖起来，让每一个细胞都进入学习状态。企业家们应该保持这样的学习状态。我形容就像"打了鸡血"一样进入一种亢奋状态。这是需要"好钢用在刀刃上"的时刻。毕竟中国企业家不可能经常有这样的机会。

然而，现场的中国企业家们给人们的感觉却不完全如此，往往有种懈怠的感觉。若非如此，就不会有人在日航的现场睡大觉。请问上了战场后还睡觉的士兵能算一名合格的好士兵吗？

开启心灵之旅

开启心灵之旅、开启转心之旅、让自己在一个友好环境中浸泡心灵，这或许是盛和塾游学的真正目的。最起码应该有一些思维方式的转变或者震撼，了解一些知识倒还是次要的。反正我此行是大有收获。退一步说，这次能听到那几句令我非常震撼的话，就算不虚此行了。此次我带着一些知识性的问题有备而来，很幸运的是，这些问题都得到了解答。我之所以能有这么多提问的机会，还真是多亏各位企业家们的厚爱。在此我由衷地向企业家们的理解与支持表达谢意。

需要再次提醒大家，我们学习的是稻盛思想，而不仅仅是经营知识。不知道企业家们通过这次游学是否品味到一种思维过河的感觉？如果大家已开始思维过河，开始向心灵的彼岸开拔了的话，哪怕是在半渡过程中有些思维分裂，这其实也是可喜可贺的。

只要心动，则万物皆动、江山可移、命运可改矣！

坐在轮椅上的观察与联想

轮椅上的感受

在这里，我需要再次感谢稻盛和夫（北京）管理顾问有限公司对我这次游学的盛情邀请，同时也感谢稻盛和夫（北京）管理顾问有限公司郭总在七天游学行程上的精心安排，包括无障碍交通工具的全程安排。另外，还需要感谢我太太郭军女士的一路陪伴，钱龙老师、游学团 B 团助理齐盼盼女士的一路帮助以及阳光 100 范总甘当"随军记者"的一路拍摄。顺便开句玩笑，通过这次游学，钱龙老师已被我"训练"成一名合格的"私人助理"，于是 8 月初，钱龙老师再次被"抓壮丁"似地驱车陪我从北京经济南、宿迁抵达无锡举办的盛和塾讲座。在此，再次特别向我的"私人助理"钱龙老师致谢。

话说回来，正因为坐在轮椅上，我反而能体会到一般人视角所观察不到的事情，就连钱龙老师都讲："原本以为一路上要搭不少手，会比一般团员麻烦一些，实际上一路上却受到不少特殊待遇，从而锻炼出一种关注精细服务的眼光。"

先从轮椅服务说起吧。在首都机场，随行人员到 check-in 柜台说需要轮椅登机，服务人员说，需要更换机场提供的轮椅才能上机，不能直接使用旅客自备的轮椅。当机场提供的轮椅到达时，旁边的一位妇人说是她先要的，应该给她，因此只能等下一个轮椅。

然而，到日本的国内机场转机时，我发现日本机场登机柜台旁早已摆放好了一大片机场轮椅，而且有大大小小的各种型号。说到大小型号的问题，那就更需要我多说上几句了。首都机场提供的登机轮椅可真是实实在在的登机轮椅，推到飞机舱门口就不管了，说轮椅太宽，无法通过飞机上的狭窄过道，于是我无可奈何地只好扶着两侧的椅背跌跌撞撞地走到了自己的座位号。

然而在日本乘坐日本的国内航班时，进入机舱后，当我正准备如法炮制地起身前行时，却被空姐们给按住了。正当我狐疑时，机场提供的那个轮椅两侧的大轮子忽然被卸下来了，然后依靠轮椅之下的小轮子，我被推到了自己的座位跟前。

还有从东京返回北京的飞机抵达首都机场后，我不再寄希望有那种小轮子轮椅的服务，因为首都机场没有这种能拆卸轮子的轮椅。然而空姐们还是让我在座位上等。到底等什么呢？过了一会儿，几位空姐"连喊带叫"地跑了过来，打开我前侧的柜子，先把她们的行李依次拿出来。我当时一头雾水，难道她们要下班了？可我还在这里等着呀！

原来她们把行李拿出后，从柜子最里面拿出一个可以临时组装的轮椅，瞬间组装完毕后请我入座。这种做法着实令我吃了一惊。那时我才明白她们刚才在喊什么。她们是在为迎接一个挑战性的工作而一起加油。在此，特别感谢2013年7月21日晚从东京飞北京的日航JL869航班的空乘人员，他们让我的盛和塾游学之旅画上了一个圆满的句号。

努力工作、挑战工作，可不是口头上说说而已，这必须通过实战来落地，要在每一个细小、细致而专业化的工作中不厌其烦地反复体现出来。稻盛先生重新塑造了日航，缔造了一种新日航精神。我从亲身经历的日航空姐的服务上真正体验到了这一点。

是否现代化和专业化，靠的不仅仅是硬件，还要看软件，看服务精神。服务是依靠人来做的，桌椅板凳自己不会工作，也不会自己创造价值。创造价值的永远是人，提高心性的也永远是人。毋庸置疑，硬件设备需要具备，毕竟"巧妇难为无米之炊"。但如果硬件现代化了，可人的意识跟不上也不行。因为硬件虽说是一种必需条件，但它的意义始终是有限的。人心的提升才是无限的动力。

此次游学能够让我感受到精细服务的地方其实还有许多。真不是一个 GDP 就可以代表的。再给大家举一个例子。郭总给我专门租借了一个可以升降轮子的无障碍面包车。这个无障碍面包车的精细专业设计体现在哪里呢？除了升降功能之外还有什么呢？因为要把轮椅放到面包车里，坐在轮椅上的人的视野角度会比坐在一般座位高出一块，因此高度就会在一般车窗的位置上，而这个面包车别具匠心地设计了一圈小窗户。尽管这圈小窗户也看不到什么风景，但却让人感觉视野开阔，不再有压抑的感觉。这种细致的设计，也只有坐在轮椅上的人才能感受到。

另外，司机每次操作轮椅时都非常规范，每次操作的步骤都非常一致，每个动作操作都伴随着语言的提示，尽管我一句也听不懂。然而这种专业精细服务的可重复性、训练有素的感觉，还是给我留下了非常深刻的印象。这是一个专业化、服务训练有素的文化，是一个成熟、现代化的表现。稻盛经营思想在这个文化环境中产生也绝非偶然，这是有文化土壤的。因此，在我原本有关稻盛思想产生的四大思想源泉之外，还必须加上第五个源泉——日本文化的精细化思维。关于这一点，如果我不亲自参加本次游学活动，还真体会不到。这也算我的"下现场"吧！

空降兵的弊端

这是我从专业化、规范性工作的角度引申出的一些讨论。因为中国大多数企业家作为经营者，做起事情来往往与"专业化"的要求逆向而行，跟着感觉走，思想散乱而缺乏原点，随意性很强，缺少重复性，即缺乏可追随性。其实这也正是职业经理人们看不惯企业老板的重要原因。其实这其中有这样一个规律：凡是不会关注细节的人，永远也不会成为一位真正的专业者，充其量也就是一个热情高涨的票友。缺乏专业性是企业老板们的一个弊端。大家对此应该有自知之明。

所谓的专业精神至少体现在两个方面：一是注重细节、一丝不苟，二是工作具有可预期、可重复的效果稳定性。只有工作具有可预期性，才不会仓促上阵、措手不及、不知所措，使一切都尽在掌握之中、胸有成竹，这样才能叫作训练有素、专业水准，进而减少有意外发生。

其实，这是对经营者具备中下领导力水平的一种要求。也就是说，达到这一要求才可以与职业经理人、职业管理者们之间进行有效沟通的要求，但还远远达不到对经营者提升至高级领导力的要求。这种中高低之间的层级关系，还包含着从基层向高层、需层层积累提升的逻辑，而不应像空降兵般地一步到位，一下子成为一位高高在上、指手画脚、玩耍权力的领导者。

有人说，我一上来就可以当高级经营者，就能当企业的高级领导者，我就是空降兵，我就有这个本事。我无需从基层一步一步地干上来，我就是能力强，无论多高的职位我都能够胜任，所以你们就不要拿比我级别低的标准来要求我。这可以说是企业界存在的一种现状。在能人文化主导下的大多数企业都是如此。可是现实存在的现象并不代表永远是对的，存在可能只具有短暂的合理性，未必能够持久。就像希特勒也曾经存在过，你能说他是对的吗？希特勒最终还是被历史所淘汰。究其原因，是因为空降兵不接地气。

其实大多数中国企业家都非专业出身，都是江湖起源、英雄不问出身的，是第一桶金一下子把自己放在了那个位置上。他们习惯使用那种原生态江湖式的企业经营管理方式，喜欢不按常理出牌、一插到底、越级管理。然而这种跨步方式，往往只会在生命周期的初期才会有效。无论是在市场经济的初期阶段，还是在企业成长的初期阶段，都是如此。这种方式只具有初期、短期的效果，即在"非正常期"有效。

当然，如果企业家就想做短期行为、想要短命企业，不想成就百年企业，那么我们也没有办法。如果"皇帝"不急，我们也无能为力。然而如果企业家想要做长期企业、做百年企业的话，那么需要的长效机制与视角眼光那就不一样了。长寿基因、游戏规则也就不同。那种既想按照短效因果行事，而又想结出长效机制的果实，这种想法是根本行不通的。想把一系列短线行为拼凑成一种长效机制，那是行不通的。因为种瓜想得豆是不可能的。

空降兵就是一种短线机制，然而层级性培养成长则属于是一种长效机制，人才培养不能拔苗助长。而空降兵却是典型的拔苗助长。超越层级、跨越层级的成长早晚会出问题，因为这种做法有明显缺欠，早晚会导致企业机体和企业寿命出问题，这么做是以损伤企业机体为代价，属于饮鸩止渴。

空降兵会破坏企业的健康成长。就像有的人是健健康康地活一辈子，而有的人则是病病歪歪地活一辈子。当然病病歪歪地过一生的人是大有人在的，因此使用不利于企业健康成长的方式的人也大有人在。难道这是大家所希望的人生成长方式、企业存在方式吗？我就是喜欢喝毒药，就是喜欢使用错误的方式治理企业？真是无知者无畏，因为无畏，就什么都敢做。

进一步说，即使一个人一上来就把自己放在一个企业经营者、领导者的位置上，也不代表他就真的已经具备经营意识、充分掌握经营之道或者已经具备高级领导力。如果从能人文化所讲的能力角度来看，或许他的能力与岗位匹配。但从德才兼备的角度来看，使用缺乏道德约束的能人，其实非常可怕。这种能人甚至可能成为摧毁企业机体的最大蛀虫。因为能力是针对"经营事"而言的，然而"经营人"需要的则是心性水平或者心智水平，而非业务能力水平。

容易被下属蒙蔽

在领导力理论上，我给大家强调这样一个道理：坐在领导者位置上的人，不一定代表具备真正的领导力，然而具备真正领导力的人早晚会成为一位成功的领导者。前者的领导力叫作权力领导力或者交易型领导力，后者的领导力叫作品德领导力或者转型领导力。

凡是违背领导力的原理而被放在某个位置上的经营者或者领导者，因为不是一步一步从基层成长起来的，因此"先天"就已经违背领导力的成长机制。正因为没有从基层一路走来的成长道路，因此手下人的"报喜不报忧"的信息加工，就可以200%蒙蔽这样的经营者或者领导者，因为许多事情你自己根本没有经历过，一蒙一个准儿。

然而，如果是一步一步从基层成长起来的领导者，那就不一样了。因为在自己层级下的所有层级，自己都经历过。下属想玩什么样的小猫腻，都是自己玩剩下的，自己心知肚明。所以自己绝不会被这些猫腻所蒙蔽。因为自己是从基层一步一步成长起来的，也就是说，在能力、智商方面都是超越下属的，所以不可能被手下人蒙蔽。

如果违背领导力层级培养规律，被强行放在领导位置或者经营位置上的人，一个重要的弊病就是没有自知之明，不知道自己到底有什么不足，也不太知道手下人会如何想问题、会钻什么样的空子。一个"报喜不报忧"就可以轻易糊弄。如果领导者存在的问题与下属存在的问题碰到一起的话，可真就完蛋了。如果领导者自己在人品方面的短处恰恰又是没有道德约束的属下能力之所长，那么这样的空子就一定会被钻的。

我们延伸开来讲，企业家子女二代接班时往往就会发生这种事情。因为二代接班往往在根本上就可能违背领导力的培养成长原则。所以二代在接班后如何建立自己的魅力威信以及如何带出自己的追随者团队，就成了问题的关键。

破坏人才培养机制

按照空降兵的方式安插人员到领导岗位上的弊端之一，就是堵塞人才成长的通道，彻底破坏人才培养机制。那些一心努力的追随者会彻底丧失奋斗的目标与信心。只有那些把"经营事"作为唯一经营目的的企业老板才会做这样的傻事、懒事，真正能够理解"经营人"之道、真正学会稻盛经营思想的企业家是不会这样做的。比如海底捞的张总对于空降兵的危害，就有非常深刻的认识。

空降兵方式另一弊端是，飞来的领导者往往镇不住场，心思往往在上而不在下，只想如何向上溜须拍马进一步高升，根本不想如何赢得属下和追随者。手下原本就有怨言、工作就不愿意配合、甚至专业能力还强于你。于是空降领导为了能够在表面上镇得住，就一定会想方设法给下属穿小鞋，根本不会考虑如何赢得追随者人心的问题。反而是反其道而行之，怎么毁掉企业团队就怎么来，压制人才，使用"废人"。如果用了这样的人，那将是后患无穷、得不偿失。这就是不重视"经营人"、只关注"经营事"的能人文化的后果。一个能人之用，可能反过来会压制许多人的成长。

企业经营学

企业经营，绝非易事。我认为，目前还没有真正的企业经营学。一方面，经济学显得太抽象、太宏观，另一方面，管理学又显得太具象、太微观。两者其实都是关于"经营事"的。

即便是从"经营事"的维度上讲，我认为，目前真的还没有居于经济学与管理学之间的企业经营学。我喜欢强调这样一个道理：买卖的本质是经营而不是管理。

后　记

　　凡是参加过我讲座的企业家，都知道我讲座涉及的内容非常多，信息量非常大。读者在阅读《阿米巴不是什么》一书时也会有这个感觉，反馈说此书的信息量非常大。比如，之前在做《阿米巴不是什么》问答会时，一位与我一起参加盛和塾游学的企业家就向我反映，说他的书已经画过三本了。就是因为信息量太大，笔记体会都写不下来了。

　　这才是真正企业家读者的表现。正如"经营是讲给经营者的"那样，自己亲自做企业的朋友才真正是我图书的目标读者群、讲座的受众，因为大家之间有真正的心灵感动。所以说，无论《阿米巴不是什么》一书的信息量有多大，那也不是我凭空杜撰出来的。那都是我们自己企业所经历过的、所发生的事情。无论对错与否，那都是真正发生过的。

　　当然我讲的内容因为信息量和知识量比较大，放在一本书里给大家讲出来还是挺难为读者的，因此一些最重要的经营原理还需要反复说，从不同角度不断地给大家讲解，因此我打算出版《盛和塾游学纪事》一书。该书结合其他塾生的发表以及其他企业的经营实践，进一步阐述经营原理。相比而言，不会像《阿米巴不是什么》一书那样给读者那么大的信息量，这样可能会达到不一样的效果。

　　我认为，学习稻盛经营思想要说难也很难，特别是对于思想始终停留在"术"层级上、想学习稻盛经营思想的人而言。因为他们总是摸不到根本的脉络，找不到心法上去；然而对于那些能够明白"经营的本质是经营人心"的人、对于那些能够发自内心接受"提高心性，拓展经营"原则的人而言，要说简单也很简单。稻盛经营思想的心法就是：如何在企业环境中让人学会一种正向的、积极向上的思维方式。无论对于企业家自己而言，还是对于整个企业团队而言，道理都是如此。如果掌握了这一条，那么大家就可以尽情发挥，创造地去激励人。不能激励人、反而会打击员工积极性的事情千万不要去做。

既然谈到了《阿米巴不是什么》一书，我就顺便更正一下图书网站上的不正确说法——我们阳光100是第一个成功应用阿米巴经营的中国企业。告诉大家，我们还不至于这么没有自知之明。我《阿米巴不是什么》一书的"自序"说得非常清楚：我们是第一个吃螃蟹的人，然而距离阿米巴成功还差得很远，我们还不敢言成功。正如我给白立新博士所说的那样：通过这几年的摸索，我们已经开始走上了一条正确的道路。

在《阿米巴不是什么》问答会上，一位企业家对阳光100寻找到"做好人也能够做好企业"的提法非常有感触。为此我就跟大家多说两句。"做好人也能够做好企业"有两重含义，即这句话可以有两种断句方式。一个是：做好人也能够做"好企业"，这里"好"是形容词，是与"企业"连接；另一个是：做好人也能够"做好"企业，这里"好"是一个副词，是与"做"这个动作相连。因此"做好人也能够做好企业"这句话中包含着"因"、"果"以及连接因果的动作过程。做"好人"属于"因"，做出"好企业"则属于"果"，能够把事情"做好"，则属于连接因果的一个努力过程。

我一直给大家讲，按照稻盛经营思想的逻辑，如果我们能够发心按照"作为人，何谓正确"的思想原点"做好人"，并且能够在经营过程中按照"付出不亚于任何人的努力"去"做好"的话，那么最终一定会得到"好企业"这个果实的。种善因，有善为，得善果，一定会获得物质与精神、人心与业绩的双丰收。

我曾讲过，在接触稻盛经营思想之前，我的想法一直是：好人不谈钱，君子不谈钱，谈钱非君子。我一直把金钱与道德混为一谈。然而在接触稻盛经营思想后，我才明白"利润可以来的光明正大"、"金钱本身没有罪恶"的道理。因此我也由衷地希望，当今人类社会能涌现出更多像稻盛先生这样的道德企业家、良知企业家，而不是把企业界的"大好河山"拱手再让给唯利是图之人。还我河山！在此借岳王爷的誓言以明志。

为了能帮助更多的道德企业家成长，把盛和塾打造成企业家们心灵的港湾就显得尤为重要。这是我在 2010 年就提出来的一个希望。本书是我专门写给盛和塾的，希望对盛和塾的企业家以及希望了解盛和塾的企业家们有所帮助。同时希望能够有更多喜欢稻盛经营思想的企业家加入盛和塾中来。还是我在北京盛和塾发起人会上讲的那句话：喜欢稻盛思想的人是可以成为朋友的。